聖嚴法師教

# 觀音法門

聖嚴法師・著

# 自序

這冊小書，原是我為中華電視台錄製的《大法鼓》節目，由資深主播陳月卿女士提問，我口述了七種觀世音菩薩的修行法門。雖然在這之前，我已寫過一冊贈送結緣的小書《觀世音菩薩》，已約略介紹了這七種法門，但未深入，故在《大法鼓》中，就這七種法門，一連講了十多集，特別是對於《心經》內容的修持法，以及《楞嚴經》耳根圓通法門的修持法，著力較多。

因此本書是由日常生活中的持名、持咒、讀誦，進而對於人生身心的觀照、對於由淺入深的禪定修行，乃至如何悟入自性，成就無上佛道，都做了簡明扼要的說明。

作家梁寒衣居士對於這十多集電視影帶的內容，很感興趣，願意將之寫成文字出書，問我如何拿捏整理成文稿的尺度，我允許她，只要內容是我說的，至於文字，她想怎麼整理就怎麼整理，她可以放手去做。

到了今年八月上旬，寒衣便將成稿交到我的手中，大部分是依照錄影帶播出時的原樣整理，其中第十、第十二、第十三等三篇調整的幅度較大，但都沒有與我的原意相違，甚至更加明朗。第八篇是談《楞嚴經》的耳根圓通法門，於口述時，僅做大意的介紹，未能將經文分析解釋，所以寒衣要我親筆做了較多的修訂與增補。

現在，這冊小書，準備交由法鼓文化出版了，略綴數語，用來說明其成書的因緣。

二〇〇一年八月二十四日聖嚴序於法鼓山農禪寺

# 目錄

自序……3
聞聲救難，度一切苦厄……7
認識觀世音菩薩……11
正信修學觀音精神……15
正信佛教與民間信仰的差別……19
觀音法門的真實義涵……23
自利利他的七種法門……27
如吸音板的耳根訓練……37
《楞嚴經》的耳根圓通法門……43
〈大悲咒〉與《大悲懺》……55
體解生命的元素——五蘊……67
照見五蘊皆空的法門……87
《心經》中的時空觀……97

《心經》的解脫觀 …… 107
持誦聖號的法門 …… 113
在家居士的修持之道 …… 117
後記　江心上的月影 …… 121
附錄一　《心經》 …… 135
附錄二　〈觀世音菩薩普門品〉 …… 137
附錄三　《大悲懺》（含〈大悲咒〉） …… 145

# 聞聲救難，度一切苦厄

觀世音菩薩宛然是與娑婆有情，別具深刻因緣的菩薩。人們在感到恐懼、駭怕的時候，總喜歡持誦經典、經偈或佛號；但是，更多的人，只要一遭逢危難危急，即自然持誦起觀世音菩薩的聖號，恍如溺水的人，下意識地抓住救命的舟筏一般——不管是一般民間信仰，或正信佛教徒，皆如此。所謂「家家彌陀，戶戶觀音」，正描述了觀音信仰在中國的蓊蔚與興盛。

為什麼呢？為什麼在無數悲智雙融的菩薩中，觀世音菩薩獨獨具有如許獨特獨樹、不可磨滅的地位？

第一、《法華經》本身在中國本是一部非常重要的大乘經典，閱讀、持誦者極為廣衆。《法華經》中內含一品，名為〈觀世音菩薩普門品〉，稱揚讚歎觀音智慧福德，後人將之單獨結集流傳，即成了《觀音經》。

第二、另一部經典名為《千手千眼觀世音菩薩廣大圓滿無礙大悲心陀羅尼經》（略稱《大悲心陀羅尼經》），鼓勵大眾持誦〈大悲咒〉。自然地，也依此持念「千手千眼」慈心無量、普濟無量的觀世音菩薩聖號。

一誦名號，即聞聲救苦，消災解厄，有求必應……，因為簡單，也就人人歡喜，人人能行。觀音信仰也就如同大河一樣深廣流布在每一個心靈的種子中。

此外，《楞嚴經》中的〈觀世音菩薩耳根圓通章〉，也強調了菩薩的「耳根圓湛，聞聲救苦」，能夠「一者上合十方諸佛本妙覺心，與佛如來同一慈力；二者下合十方一切六道眾生，與諸眾生同一悲仰」的妙覺普度，聞聲化現。

至於觀世音菩薩的「女性形象」、「女性化身」，也僅是〈普門品〉的三十三種化身之一罷了。唐以前，中國史上的觀音畫像，先是男性的，並蓄有鬍鬚，然後則是中性的，而且是超越男女性別的。一切菩薩俱如此，僅是中性。輾轉到了宋以後，觀音的女性形象宛如更易感動，也更受歡迎。圖像上的觀音也就更衍為「女性化」，更常以「女相」呈現。

人們將觀世音菩薩稱為「觀音老母」，代表著女性的慈悲、母親的慈愛，也代表著生命初始，最親暱、永恆的呼喚。

所有的人類，在遭遇苦難，於叫天不應、喚地不靈的時刻，他所第一個想到的，必是母親；所喊出的，也必是「媽媽！」；因為，母親永遠是這樣傾注著，全心全意保護、守衛著孩子的。正如一遇見危險，母雞「咯咯」一啼，小雞便俯衝、躲避在母雞的羽翼下一般。

但是，世俗的母親是普通的凡人，究竟有她的極限。

菩薩則不同！這樣的觀音，足具母親的慈悲愛念，涵攝了母親的功能，又神通廣大、普救無邊——只要念他，即能感應他，即受救拔！因此，一遇困苦，大家便自然稱誦觀世音菩薩的聖號了。

以致，即使不了解什麼是「菩薩」，人們也很容易將觀世音視為一己的「隨身菩薩」，一尊如母親一般慈悲親切、隨時隨地皆能護翼、庇蔭著自身的菩薩。

# 認識觀世音菩薩

觀世音菩薩是誰？是否具有真人、真事？

我們知道釋迦牟尼佛是由印度迦毘羅衛國的王子悉達多，悟覺宇宙真理修行而成。他大約出生於周元王八年（西元前四六八年），寂滅於周安王十四年（西元前三八八年），遊行弘化四十九載，具有歷史上足以考據、驗證的背景、足跡與行化。但是，觀世音菩薩呢？他是歷史時空下真正存在的人物嗎？

觀世音菩薩的形象一向是透過不同的經卷，由釋迦牟尼佛稱說、引介的。依著不同的經典，而有著不同的界說、身分、特質與形象。

〈普門品〉中描述觀世音菩薩具有三十三種化身——但是，觀世音菩薩當真只有三十三種化身嗎？一部分的經典以為他具有千百億化身，而另一部分的經典則認為觀世音菩薩本身即是佛；是過去早已成就的佛，佛名即號「觀音佛」，或號「正法明如來」。

因是「過去佛」，自然不是我們這一世界的人。也無從考證他的出生朝代、背景、本紀。

《觀無量壽經》則提到阿彌陀佛的極樂世界中，脇侍著兩尊菩薩，一名大勢至菩薩，另一則是觀世音菩薩，兩者皆是「一生補處菩薩」——「一生」，即是在這一生過後，即會立即成佛；「補處」，即是遞補阿彌陀佛的位置。意思是，當阿彌陀佛弘化願滿，即會在某一時間涅槃、入滅；此時，觀世音菩薩即接替阿彌陀佛的位置，於西方極樂世界成佛，即是「遍出一切光明功德山如來」。

既然缺乏現世時空的佐證，觀音信仰者何以認為南海的補怛洛迦山是觀世音菩薩的道場，而紛紛前往「南海」朝聖？

它出自《華嚴經》中著名的「善財童子五十三參」——發願起修的善財童子，一站一站向諸善知識、大菩薩們參學諸法，於印度南海的島嶼「補怛洛迦」上，謁見了觀世音菩薩，聆聞法要。因之，後人即以南海的「補怛洛迦」做為觀世音菩薩道場。

宋以後，中國人將浙江定海縣的島嶼，視為「補怛洛迦」，也就是觀世音菩薩所在的「普陀山」。但是，「南海」究竟在何處？我想，中國、印度、日本、韓國……，不同的民族、區域，各自有心目中理想的「南海」，也有各自不同的認知和地理。

此外，民間流傳的《觀音得道》一書，最早是彈詞，稍後演變為小說。內容敘述觀世音菩薩原本是一位國王的女兒——妙莊王有三位公主，大公主好文、二公主好武、三公主則悅好修行，慈悲善美的三公主妙善歷經劫難，於大香山修行成道，即是後世的觀世音菩薩。

正如《西遊記》一般，《西遊記》中的「唐三藏」的確真有其人、其事——唐朝的「三藏」法師玄奘，的確西行求法，履涉顛沛，齎回經藏。但是，《西遊記》中的故事卻是小說家構想、偽編出的傳奇，並不是歷史的紀實。《觀音得道》一書的狀況，也是一樣。

由於觀世音菩薩的妙感很多，靈驗、感應事蹟極眾，通過藝術家的技藝，根據不同的流傳，即塑造出不同的繪畫、雕刻——不同的觀音形象即就此廣為流布、流傳；例如擁有四臂的「四臂觀音」、具現十一個面相的「十一面觀音」、具足千手千眼的「千手千眼觀音」。乃至於即使是天主教中懷抱著聖嬰的聖母瑪莉亞，中國的佛教徒也願意將之視為「送子觀音」來朝拜。

觀音信仰如是則在真實與虛構、風俗與流行中蓊沛茁壯，混融了經典、小說、傳奇、美感與民俗。

# 正信修學觀音精神

一位居士曾經問到：「一些父母生下孩子後，為了使孩子平安幸福，一輩子無災無厄，即『過繼』給觀世音菩薩，讓孩子成為觀音菩薩的『契子』——這樣做，究竟有沒有用？是不是一種依賴的心理？」

又提到，自己懷兒子、女兒的時候，恆常持誦〈普門品〉，結果，朋友們見到自己的一雙小兒女，都覺得乖巧非常，超越一般孩童——那麼，是不是真與〈普門品〉、與觀世音菩薩有關呢？

將孩子過繼給神明做為「契子」，以祈消災祈福，在中國本是由風俗習慣所形成的一種民間信仰——過繼的神祇很多，濟公、媽祖、土地公、關帝君等，並不限於觀世音菩薩，這份根植的民間信仰，與佛教本身並沒有太大的關聯。

〈普門品〉中的確提到，欲生智慧福德之男，則常誦觀世音菩薩，即可獲得圓滿智慧之男。而且，是求男子得男子，求女子得女子，一樣相好圓滿……，因而，歷來便有「觀音送子」的傳說。

至於，持誦〈普門品〉是不是能夠影響孩子的心性、品性？是不是具有真實的關聯？我想，答案是肯定的。這自信仰所產生的深厚力量，一部分來自於自我個人，也即是「母教」、「胎教」的部分。因為恆常持誦〈普門品〉，繫念著菩薩聖號……，所以念念心心，都常與菩薩的柔美、慈悲相應；這樣的心情，也自然影響了腹中的胎兒。

我個人並沒有看到經典這麼說：「生了孩子，只要過繼給佛、給菩薩，孩子就可順利長大，擁有智慧、聰明、健康與長壽。」

佛經中所真實說的是，為了孩子的健康、聰明、智慧，一個人應多念觀世音菩薩，恆常熏習、修持觀世音菩薩的慈悲慈懷，常行種種福澤、布施、救苦救難的行為；那麼，自己的心便能與菩薩恆常相應，孩子也自然能夠健康、平安、智慧。它來自於兩方面的影響與結果：一種是自己的「心」，自己的「行為」、「意識」的力量確實影響、改變了孩子；另一則是善行感天，菩薩以及護法的善神，威德庇佑，來保護孩子，守衛孩子。

如果過繼僅僅只是一個「名分」——將孩子過繼給觀音，而自己殺、盜、淫、妄，無所不為；孩子天天看著父母的「範例」，行為、心態也和父母如出一轍，一樣殺盜淫妄，那麼，能夠真的健康、長壽、福慧嗎？這是有問題的——有問題的信仰，以及有問題的心態。

一類有問題的心態是：沒關係！不管我做什麼，菩薩都會保佑我！另一類有問題的心態則是，反正菩薩都會救我，我自己便不用做什麼了！

兩類心態都無涉於觀世音菩薩，而源自於一種非常基層的宗教。這樣基層的宗教又根源於更原始的依賴心態——人們在這種狀態下，將依賴所有「有作用」的神明，而不止於觀世音菩薩。

有用嗎？

就宗教信仰的層面講，還是有用！之於父母，他們以為，孩子已經過繼給神了，神將照顧他，心裡便恍然沒有牽掛；之於孩子自身，因為知道自己是神的「契子」，自然生起信心，之於自己的安全更不恐懼。

幼年時，鄉下的神廟中經常準備許多的鎖片、鍊子或牌子，有人來「過繼」，則繫上一枚，掛在胸前。鄉人們很是受用，以為一己的安全，全交給神明了；但是，就一個人整體的人格而言，卻是不健康、不自主的。同時，就真正的民間道德而言，失去自主的判斷、自主的能力，之於自我人格的發展，將是負面的。

觀音信仰，其根柢，不在於成為觀音的「契子」，甚至不止於持誦觀音的聖號，更重要的是學習觀世音菩薩悲濟的精神。

# 正信佛教與民間信仰的差別

同樣信仰觀世音菩薩，正信的佛教與民間的一般信仰，究竟有何差別？〈普門品〉出自於《法華經》，又與《法華經》的思想內涵，有何關聯呢？

《法華經》是於王舍城的耆闍崛山（即靈鷲山）由釋迦牟尼佛所親口宣說的，於一切經典中別具崇高的地位。它指涉三乘歸一，更指涉一切有情皆能成佛。也期許一切眾生皆能回歸佛的地位，到佛境界。

一部分的經典認為，有情修行的至高境界僅能是阿羅漢，而另一部分的經典則認為，有些眾生永遠沒有機會接觸佛法，永遠無法成佛，也無法悟入佛法真髓。而由世尊所金口宣說的《法華經》，卻清晰指出，一切眾生皆有機會成佛，即使是出佛身血，陷害佛陀的提婆達多也不例外。這是個極高的層次與境界。

〈普門品〉強調，人只要有信心，一心持誦觀世音菩薩，即使是五逆十惡，至大至重的罪業，也能夠迴轉，仍能於未來成佛。僅要淨念觀世音聖號，一切困難災厄，應有的業報苦受，即應時消散、應時解除——這樣看來，觀世音菩薩宛如變成了一個全能的神祇，將眾生的所有問題皆包攬、解除了；相對地，則可能使人產生某種依賴心，而失去自我努力修持的「自願」與「本願」。

事實上，〈普門品〉與《法華經》的中心思想並不衝突。

以「起信」而言，〈普門品〉正是為了接引一些信心不足，生命、行為、心靈偏差，而處於非常困擾、煩惱和痛苦中的人。置身於這樣泥濘般的狀態下的人，直接告訴他們：「你可以成佛！」——由於一己已是「泥菩薩過江自身難保」，因之，無論如何，也決計不肯相信自己能夠成佛。但是，一旦「起信」，相信菩薩的救拔力量，之於菩薩具足足夠的信心信念，自然，自己也會轉變，向內凝聚起自我的信心，也能學習菩薩、模仿菩薩，放射出慈悲光芒，變成觀世音菩薩的化身一般廣濟有情；如此，也就與《法華經》所揭示的「一切眾生皆能成佛」的觀念銜接、相應了。

表面上，觀音信仰宛如與民間信仰十分接近，也很能結合——因為，民間信仰的特質即是，不管自己是好人或壞人，能不能修行，只要信神、求神，便能獲得幫助、救濟，也便能逢凶化吉。觀音信仰恰恰在這點上與之交疊——意思是，只要持念觀音，即可得到觀世音菩薩的慈悲救拔，解決諸般問題。以致，即若是一般的民間信仰者，也願意接受觀世音菩薩。只要信，即能得救，這與西方的基督教，以及其他的宗教皆是相通的。因為容易，也因而廣泛信仰，人人皆能接受，也皆能進入。

由於，這個層次的人於我們的世界中占絕對多數，為「起信」故，也開啟了觀世音菩薩普度眾生，廣攝眾生的特殊方便法門。唯願有情於蒙受接引後，當真正解厄、平安、獲益了，便能一點一點，慢慢接觸正信的佛法，深入佛法的精義，而能更進一步自民間信仰的層次提昇，開發一己的智慧，發揮一己的慈悲精神，圓成一己的菩提種性。終極點，所指涉的仍是《法華經》的精神——一切眾生皆將成佛。

觀世音菩薩，看起來人人皆能接受；慈悲，也是。它並不是超過人，而是根植於人性人心中，之於所有人類皆彌足重要的生命準則與品質。所謂「大慈大悲，廣大靈感，救苦救難」——人類永遠於苦難中渴望著一種無限的慈悲、涵容與撫慰。理解觀音，學習觀音的本懷，人人也自然可以具足如斯的心性品質，成為觀音的諸多化身一樣，協助、慈憫於所有同體的有情。

# 觀音法門的真實義涵

觀世音菩薩與中土因緣甚深，許多人也特別喜歡信仰觀世音菩薩，自稱自己所修、所持的是「觀音法門」。但是，「觀音法門」的真實義究竟是什麼呢？它的內涵與觀修要點又是怎麼樣的？

「觀音法門」包含兩重意義、兩重法要——其一、涉及觀世音菩薩修行成佛的獨特法門。過去遠劫以前，即有一名「觀音古佛」，以修行「耳根圓通法門」，而究竟證成佛果。以是，一代一代，教他的弟子也修習「耳根圓通法門」，入佛深智。由觀音古佛所教導出的弟子也使依他獨持的修行法門，名為「觀世音菩薩」。

《楞嚴經》中提到「觀音法門」的特性，即是「聞」——用耳朵、耳根聞聲。聞什麼聲？這個聲音不是外在的聲音，也不是音響的聲音，而是收攝心意，

「反聞」聲音的自性，以及一切萬法的自性。萬法的自性即是「空性」，也就是說，現下所有的一切萬法、萬緣，皆是因緣生，因緣滅。自性本空，沒有一樣是真正永恆、不斷、不滅、不壞的自性，因此，稱之為「空性」——反聞，聞空性。聞見空性，了悟空性，實證空性，即與諸佛的智慧圓滿相應，而能證入諸法實相。這即是「耳根圓通法門」，這項法門是觀世音菩薩於觀音佛座下所聽聞的修行方法，觀世音菩薩依此修習而成就，因而，於楞嚴會上向大眾揭示，為佛所特別讚歎嘉許的法門，因了其中特殊的善巧利捷。

「觀音法門」的另一重意義即出自《法華經》——觀音，意思是，能以耳朵聽聞聲音。三千大千世界，一切有情眾生的種種聲音，苦聲音、樂聲音、悲聲音、喜聲音……，種種類類，各式各樣的眾生聲音，他都能於同一頃刻、同一時間內，剎那聽聞，而普遍施以救拔。即使苦難的眾生根本不知向誰求救、請誰悲憫，觀世音菩薩亦能以他獨特的「心聞」，了了遍知；以一尊變現為千百萬億化身，抵達個別眾生的每一處方所、每一個地方，加以濟拔。「普門」意即，普遍大開慈悲之門——於時間上、空間上，永遠普遍開出這樣一所救贖的大門。由於他「聞聲救苦」的特質，即稱為「觀音法門」。

由是「觀音法門」依據兩部經卷，囊括了兩重法要——一是自我修行的法門，另一是悲濟眾生的法門；前者是自利，後者是利他。

自利，即修持一己的耳根圓通，圓滿覺慧；利他，即普門示現，救苦救難，廣修悲濟。

# 自利利他的七種法門

觀音法門涵蓋兩則心要——自利與利他。往內，圓修智慧、淨覺解脫，即自利；向外，普門示現，悲濟救拔，即利他。

之於一般初機，又該如何入門？如何起修？如何契入呢？

法門一共有七種：

第一、《楞嚴經》的耳根圓通法門。

第二、《心經》的照見五蘊皆空法門。

第三、《法華經．普門品》的持名法門。

第四、〈六字大明咒〉，也就是誦「唵嘛呢叭彌吽」的修持法門。

第五、〈白衣大士神咒〉。

第六、《延命十句觀音經》。

第七、《大悲心陀羅尼經》的〈大悲咒〉修持法。

倘若再加上〈準提咒〉，即是八種法門。準提菩薩，也即是觀世音菩薩。由於它是另一體系的修持系統，此處將不併入討論。

七種法門中，《楞嚴經》的「耳根圓通法門」，和《心經》的「照見五蘊皆空法門」，是直契佛智，究竟、解脫、自在的法門；也是兩個更深細、微密的法門。

《楞嚴經》的「耳根圓通法門」已於上章做過概略論述。由於本書將採取「由淺入深」的介紹法，我們將把《心經》的「照見五蘊皆空」保留至最後，而從〈普門品〉的「持名法」開始。

## 一、〈普門品〉

〈普門品〉的「持名法門」，顧名思義，即是持誦觀世音菩薩聖號，一心皈命，心心念念，相續不絕。無論何時何地，總與聖號常相左右，常誦、常念，恆相不離。

## 二、〈六字大明咒〉

〈六字大明咒〉亦然。常誦「唵嘛呢叭彌吽」六字。此六字表徵了觀世音菩薩利益六道的智慧慈悲，是蒙藏喇嘛的化區，一般信眾恆持、恆誦的神咒。

## 三、〈白衣大士神咒〉

〈白衣大士神咒〉與《延命十句觀音經》源起相近，皆源於一個人於生命「當死」、「必死」的隘口，於焦煎荼苦、危迫萬分之際，夜夢僧侶、異人或神靈，告以經文、句偈，囑咐持誦千遍、萬遍，即可消災解厄、逢凶化吉。由於生死交關，那人醒後，也便立即謄寫下經文，依著指示，一遍遍念著；念至最後，果然災厄消解。為感大士恩德，又依此謄抄下來，流布世間。咒語便這樣，因靈感靈驗，而廣為流傳，普遍持誦了。

〈白衣大士神咒〉，於夢中所示顯的，即是白衣大士像，依此命名、流傳，它的咒語是：

南無大慈大悲救苦救難廣大靈感觀世音菩薩（三稱三拜）

南無佛、南無法、南無僧、南無救苦救難觀世音菩薩。怛垤哆，唵，伽囉伐哆，伽囉伐哆，伽訶伐哆，囉伽伐哆，囉伽伐哆，娑婆訶。天羅神，地羅神，人離難，難離身，一切災殃化為塵，南無摩訶般若波羅蜜。

寺院、佛堂，以及善書結緣的處所，目前皆有〈白衣大士神咒〉。於一張張的紙上，印著白衣大士像，底下有一個個圓圈圈。意思是，每念完一定的遍數後，圈點一點。通常，須在家裡設一座佛壇，供一尊佛像，於佛前誦念。

首先，先稱念「南無大慈大悲救苦救難廣大靈感觀世音菩薩」之後，一邊念一邊拜。三念三拜之後，採起跪姿，向著觀世音菩薩聖像跪念；自然也可以坐著持誦，或立著持誦。每誦二十遍即點一個圈圈，六百個圈圈點滿，即是一萬二千遍，也即是一個願。一願念完了之後，如果沒有感應，則再兩個願——再加一萬二千遍，兩願感應仍未顯現，則再增三個願、四個願、五個願……，一直持續念下去，最終，感應一定會呈顯。業障重的，約略一個願，大概難以感應。業障輕的，一個願即容易感應了，有時甚且毋須念滿一個願，感應即生。所謂「業障重」指的是過去累世所積澱的惡業重罪，如山一般，障礙著修持。因此，要不斷、不斷地念，不斷、不斷地淨化。因而，也有人如是發心，數十個願，數百個願，數千個願……，恆持不輟地念下去。其一，則漸漸滋長一己修行的信心、信念；另一則於清淨心中感應漸次呈顯。

念畢了，滿了願，災厄消除了，即又發心再印一千兩百張，與大眾廣結善緣。因此，於民間廣為流行和普及。但是，更積極的作法，應是有了感應「起信」之後，則應開始修持佛法、理解經典、入佛智慧。應多印觀音菩薩的教典，以及諸佛教典，進一步啟開教門。

從最末的「天羅神，地羅神，人離難，難離身，一切災殃化為塵」諸句，不難看出〈白衣大士神咒〉，蘊涵了民間信仰的層次、成分和色彩，近於佛、道的相融與摻合。

## 四、《延命十句觀音經》

《延命十句觀音經》出自於《高王觀世音經》，是《高王觀世音經》的精簡本。《高王觀世音經》則緣起於五代高歡國王時，有一看守庫藏的「寶藏官」孫敬德，犯了重法，囚禁待斬。和〈白衣大士神咒〉傳承相似，在夢境中，夢見一名僧侶，告之以《高王觀世音經》。輾轉傳至劉宋，則精簡為《延命十句觀音經》，將原來繁複的經文，精簡為僅有十句，即：

觀世音，南無佛，與佛有因，與佛有緣，佛法相緣，常樂我淨，朝念觀世音，暮念觀世音，念念從心起，念念不離心。

《延命十句觀音經》於我國已經失傳。這是我於日本禪宗的寺院重新請回的。過去，我只曉得，禪宗重視《楞嚴經》和《心經》。〈楞嚴咒〉和《心經》皆是禪門每日必誦的功課。但是《延命十句觀音經》呢？倒從未曾聽說過，怎麼會是禪門念的？

細思下也不難了解，於禪宗寺院裡，它成為一種補助的修行法門。如前所述的，當修行者業障深重時，他無法採取「禪」的方法修持。一修，即產生種種障礙——不是病，即是痛，或發生種種人事、工作、環境、情境上的障礙與困擾。《延命十句觀音經》則應時成為一個補救法門。「延命」的意思，第一、延續一己肉身肉體的生命。第二、延續佛法的慧命。

禪修的人，於第一個階段，自己無法依禪修的方法修行，則誦這十句偈，不斷、不斷，持續地念，直到病苦、業障一一消解。「身安」之後，更進一步「道隆」，更進一步「續佛慧命」。

何以這短短的十句可以「續佛慧命」呢？

因為這十句中，包括了佛、法、僧，遵從佛、法、僧，也就皈依了三寶，成為虔誠的佛教徒，學僧、學法、學佛，終抵於「常樂我淨」的清涼淨土。這和僅念觀世音菩薩聖號的，畢竟大大跨進了一步。因之，可視為正統、正信佛教的一種方便法門。修行此法門的人，畢竟皈依三寶，成為正信佛教徒。由此可以開展、延續一己以及佛法的慧命。

由是，相當於中國清初的日本江戶時期的白隱禪師，為了弘揚此經，編寫了一部《延命十句觀音經靈驗記》。近代日本著名的禪匠原田祖岳，也寫了一部《延命十句觀音經講話》。依此，也不難解釋，日本禪門何以將此十句偈做為禪門日誦的原因。

## 五、〈大悲咒〉

〈大悲咒〉非常非常地普遍，屬於《大悲心陀羅尼經》。此咒為過去九十九億恆河沙諸佛所說，觀世音菩薩於千光王靜住如來處聽聞傳授。彼時，觀世音僅是初地菩薩，一聽聞此咒，立即頓超八地，心中寂悅，發誓弘布此咒，利益、安樂有情。虔誠所感，立時應願，具現千手千眼。

那麼，〈大悲咒〉的內涵是什麼呢？

它涵蓋了觀世音菩薩的聖號，也涵蓋了觀世音菩薩以及諸佛菩薩不同的面相、智慧、威德與功德。由於它的力量非常強大，靈驗不可思議，因而，被稱為〈大悲神咒〉，歷來持誦得極廣極眾。據說，持此神咒，即使十惡五逆，極惡極重的罪障、業障亦能冰消瓦解，一概滌淨。而且，「必然滿願」——無論持咒者祈求什麼，願心俱能成滿，從最基底的遠離病難，長壽豐饒，乃至於圓成佛道，圓成佛果。

「不懂它的意思，這樣念有用嗎？」持咒者可能會生起這樣的疑惑。

當然，咒語本身即包含了菩薩的功德、願力與加持。所依據的即是「一種聲音的感應」，因此，特別保留了它梵文的原音。依梵文而誦持，不加以翻譯。

可以說「釋迦牟尼佛」，就是一個咒語；「阿彌陀佛」也是。它們都保留了梵文原來的音色、音韻。

咒語，在梵文中，並不止於聲音，而有它自身的意思。〈大悲咒〉亦然。只是意思並不如是單純，不可以一句直譯成另一句，通常涵蓋多重的意喻。因此，能了解極好；不能，也毋須罣礙！它本身即是一種「聲音感應的法門」，修持者僅要循著它梵文的發音，精勤持誦即可。不妨為自己設個定限，日日持誦，滿限為止，做為一己修持的準則。

# 如吸音板的耳根訓練

觀世音菩薩由於修習《楞嚴經》的「耳根圓通法門」，證入諸佛智慧、妙覺本體。我們又該如何修習、契入這個法門呢？

「耳根圓通」是個高深的修行法門，在進入這個層次之前，首先，我們應學習做基礎的耳根訓練，使我們能於修行的時候，透過聲音，使心靈安靜、穩定下來。

## 一、基礎的耳根訓練

初步的，該聽什麼聲音呢？

鳥的聲音罷。清晨醒來，於森林、公園中，一面呼吸新鮮空氣，一面聆聽各種鳥類鳴唱婉轉，心神便能感到愉快、安悅，宛如身與心都沐浴了、都滌淨了、都透亮了一般。那麼，煩躁的心便能沉澱、平靜下來。這樣的鳥音，如果在都會中，無法透過自然獲得，也可以使用現成灌製的 CD 或錄音帶。

但是，鳥音由於總是吱吱喳喳、鳴囀起伏個不停，僅能帶來安靜、開朗、明亮的感覺，卻不能入定。

那麼，便聽雨聲吧！不是狂風暴雨，也不是傾盆大雨，而是帶著一點點風，絲絲微微，彷彿打在芭蕉葉、樹葉上的聲音，沙沙沙沙，靜靜凝凝，很規律、持續、統合的節奏，自然較之於色色的鳥鳴聲，更容易靜定下來。

然而，倘若風雨夾雜，一陣一陣，時強時弱，時快時慢，時大時小，由於聲音變化急速，初學者即可能追隨著它倏起倏跌，使心變得浮動。

於是，即聽水罷！尋找一條河流——不是大河，而是小河或小溪。坐在河畔，或坐於跨越在小溪的橋上，閉上眼睛，以耳朵聆聽。水的聲音，嘩嘩嘩嘩，川流搖擺，永遠持續同樣的節奏與旋律。你坐一天，一天的聲音完全相同；一夜，也是一樣，持續川流。這能帶著你忘掉自己，也忘掉環境，甚至於忘掉水的聲音，心便會漸漸融入水音中，進入統一的狀態，內外靜寂，可能因此入定。明朝末年的憨山大師，一日無意中坐在橋墩上，聆聽水聲，他坐著，便這樣，忘去時間，忘去周遭，忘去一切身心世界，一坐好幾個時辰。出定醒來，心想：奇怪，恍如剛剛才坐下來，怎麼便過了那麼悠長的時間？

不妨學學憨山大師，也聽聽水。但是，必須注意安全。坐在橋上，太專致了，一不小心，便可能翻落水中，造成危險，而在入定之後，萬一天候改變，造成倏來的風雨，由於缺乏照顧，也將顯得危險——除非你是在一座面向河流的屋宇內。

這是初步透過聲音使得心靈獲得安靜的簡易方法。每一個人皆可憑著自身獨特的經驗，發覺、開展適合自我的形式。

前三者的耳根訓練，是靜態的，可以依自己選擇環境；但是，在現實生活中，在無法選擇的嘈雜情境中，又如何利用聲音抵達心靈的平靜呢？

## 二、將耳朵變成吸音板

其實，於心煩意亂或愁惱悲苦的時刻，無論我們是躺著、坐著或站著，就是將眼睛閉上休息，僅僅用耳朵來「享受」。我們的環境與情境中，一向充斥著各式各樣、層出不窮、琳瑯滿目的聲音，此時，不要用耳朵刻意聽什麼，所謂「享受」，就是讓它自然而然送過來，有什麼聲音就是什麼聲音。送過來便接受它，並不主動地尋找聲音，只是被動的，如同一只吸音板一般——聲音到了板上，音就不見了，並不積澱、儲存於板上，也沒有反彈的作用。倘使有反彈的作用，那便不名為吸音板，而是「回音板」了。

練習將我們的耳朵變成一只吸音板，便這麼聽著、聽著……，大的聲音不要抗拒，小的聲音也不用拚命去追。只是這樣聽著，聽到多少算多少。最重要的，不要給它任何「定名」，比如說這是女孩的叫聲，男孩以粗話罵人，狗在這邊吠，貓在那邊吵……，也可能鳥啊、雞啊、牛啊，乃至於汽車聲、喇叭聲、電視、收音機、摩托車、冷氣機等各種各類的聲音都一齊充斥湧動，但是，不要給與任何名字，也不要分辨它。維持自己僅是一只「吸音板」的角色，不尋找、追隨聲音，也不得與聲音做回應。

吸音板自身是安靜、沒有聲音的。聲音到了這裡，自然不見了。為什麼不見了？因為我不產生第二個念頭，在想：「那是什麼聲音？該用什麼方式回應？」人家用粗話罵你，不要回應，因為我是個吸音板；人家以甜言蜜語阿諛你，也無庸反應，因為，我是個吸音板！

只是了了分明，知道這是甜言蜜語，這是粗言惡語，這是欺騙的謊話……，曉得這個聲音是什麼，卻在心裡不給它回應，那麼，便是一個真正會用功、會修行的人！

如此，外境種種喧囂、嘈雜，種種有毒素、不衛生的聲音皆不能汙染、刺激、挑逗、誘惑你。隨時隨刻，你將是非常自在的，因之，我稱之為「享受」。

人們總是希望能享受優雅、優美的聲音，那令他們感到快樂。而我要說，練習這個法門的要點，只是以耳朵傾聽，心中不生起任何情緒，無論是痛苦、憂愁或興奮、激動，甚至連快樂都不要有。不反應，其實即是一種很寧靜的愉悅。

那麼，記住罷！成為一只吸音板，於眾聲喧嘩的現實中，你將是一個善於安頓、自在，而沒有壓力的人。

以上是初步修行音聲法門，可以入淺定，可以避煩惱，但尚不能開智慧，不能得圓通。

# 《楞嚴經》的耳根圓通法門

現在要介紹《楞嚴經》的耳根圓通。在《楞嚴經》卷六，有如下的一段經文：

於時有佛出現於世，名觀世音。我於彼佛，發菩提心，彼佛教我，從聞、思、修入三摩地。初於聞中，入流亡所；所入既寂，動靜二相，了然不生。如是漸增，聞所聞盡；盡聞不住，覺所覺空；空覺極圓，空所空滅；生滅既滅，寂滅現前。忽然超越，世出世間，十方圓明，獲二殊勝：一者上合十方諸佛本妙覺心，與佛如來同一慈力；二者下合十方一切六道眾生，與諸眾生同一悲仰。

還有兩句經文也極重要：「反聞聞自性，性成無上道。」

## 一、耳根圓通法門的兩個層次

《楞嚴經》中的觀世音菩薩耳根圓通法門，是透過耳根成佛的境界，也是耳根修持的至高法門。它包含了兩個層次：

**第一個層次，觀無聲之聲**。禪定之中，有一種境界，名為「光音無限」，出現於禪定初期，未入真正的禪定前，此時，會見到柔和清淨的光明，會聽見一種平穩悅耳的聲音，可以稱之為「元光」或是「天籟」，它是由內視及內聽的功能與宇宙頻率的交感所得的反應。

通常，它發生於打坐漸深，漸入定中的狀態。初初聆聽水聲，水，水，水，水……，逐漸水聲消逝，聽不見了，自己與宇宙合而為一。周遭聲音一概不復聽聞，那時，宇宙之光及宇宙之音即會顯現。

這個光和音非人間可以形容、製作的，唯有在禪修中始能目視聽聞。它與平常所稱的日月星燈之光及天籟是不同的。

經文的「初於聞中，入流亡所」。是由能聞的我耳，聞所聞的聲音，深入之後，便不再感覺有所聞之境，也無能聞之我，超越一切，便合於諸佛的本妙覺心，也合於一切六道的眾生，便進入了第二個層次。

**第二個層次，即是「聞所聞盡，盡聞不住」**。那便是「反聞聞自性」。一般人用耳朵、耳根傾聽，因此，總是往外的，聽著外面的聲音。「反聞自性」，卻是完全放下耳根，向內聽聞「自性的聲音」。

一般人一聽到「向內聽」，便誤以為是聽「五臟六腑」的聲音。不是。打坐時，於闃寂中，我們的確可以聽見脈搏、心跳、腸胃，以及內臟蠕動、血液流動或氣脈浮沉的聲音；它是我們身體的運作、活動中自然的機能，不要老是注意它。因為心念注意時，全身的力量便集中過去，那個地方就會發生問題，因此，務必謹慎！至於天台智者大師說，若為治某一部位的某一種病，可以專心專注該一部位，必須觀想該一部位的病症，逐漸消除於無形，不是專注該部位的觸覺。

由於「自性」無形無體，所以也無聲可聞。自性無聲。意思是，這一階段，甚至連宇宙之聲都不要去聽它了。因為，連宇宙之聲皆是外在的。「反聞」，即是徹底放下耳根，放下一切一切有形、無形，可以讓我們依靠、參與、捉摸、把持，定名為「我」的東西。自性，即眾生本具的空性，也是每一個人本有的佛性。

所以「反聞聞自性，性成無上道」。親聞那個自性，便能成就無上的佛道。當進入了「聞自性」的層次，行者在時間與空間中，卻又超越了時間與空間的執著，也超越了另一種「將時間與空間當成自我」的微細執取——佛法就是要否定自我的。所謂「否定自我」，並不等於「沒有自我」，而是「不要執著自我」。因此，是超越自我，而不離自我。行者經此「入流亡所」、「反聞聞自性」的修證過程，徹底破除了深細我執，認證了本體佛性。所以經文要說：「覺所覺空；空覺極圓，空所空滅；生滅既滅，寂滅現前。忽然超越，世出世間，十方圓明。」

特別要提醒的即是「自性」一詞。我們總是說「水有水性，火有火性」，但是，這不是「自性」，任何一樣東西，它的組織成分皆必須與因緣配合。因緣一變，它的成分與形狀，也就隨之改變了。因此，稱為「無自性」。「無自性」並不是否定了一切物性，僅是了解其中的幻化、不真，而無終極執取之物。

如此，耳根圓通的重點，也僅是「破執」——契入空性，破除生命萬相的執著，而自在解脫於一切情境中。

## 二、從生活中聽聞自性之音

自然，欲認證空性、契入空性，並非唯有「耳根圓通法門」。中國禪宗修行者所謂的「開悟」，所「悟」、所「認證」的，假名為佛性，其實就是「空性」。其中的「明心見性」，所明的心是無漏的智慧，所見的性，也即是空性——在有情眾生稱為佛性，在非情的諸法稱為法性，也可總名為真如實相。能夠見到空性的，即是大智慧心，即是《楞嚴》的「本妙覺心」，即是《心經》的「般若」。能夠「行深般若」，便常在大智慧中，便證本具的佛性，便能夠「度一切苦厄」，使自我與他人皆能拔除因執著所引起的種種煩惱無明。

雖然，並不一定必須使用觀世音耳根圓通法門始能契悟自性。但是，由於我們日常便生活在聲音與耳根的世界中，倘能善巧使用耳根，於靜態的環境中，聆聽鳥聲、雨聲、水聲；而於動態、嘈雜的情境中，練習使一己成為一只吸音板，工夫漸用漸深，進而會通觀世音菩薩的耳根圓通法門所揭示的「入流亡所」、「反聞聞自性」，那麼，聲塵，將不止於干擾，而是協助修行、開展修行，使我們冥入自性，證入本性實相的途徑。

「但是，《法華經》中不是說，觀世音菩薩不是聽海潮而悟道的嗎？」曾有居士好奇地問到。

的確，〈普門品〉曾經提到「妙音觀世音，梵音海潮音，勝彼世間音」，意思是，梵音海潮音，是超勝一切世間所有聲音的。自然，也不是世間的音聲。「梵音」即是來自清淨、無為、無我、不執著的佛性。它可以聽得見嗎？不能。不是以耳朵聽的。「海潮音」即是說，梵音的力量巨大，如同海潮一般，綿綿不絕流灌世間，只是我們聽不到。倘若聽到，那麼便真正聽到無聲亦無生的佛法、聞見真如佛性的消息了。佛弟子們所謂的「梵音宣流」所指的即是如海潮一般豐沛流灌、澤潤有情，使悟自性，使證空寂的佛法。

因此，梵音、海潮音所指的，仍是「自性之音」；它所修行的，仍是觀世音菩薩證悟佛性的「耳根圓通法門」。

## 三、一門通，一切門通

《楞嚴經》中世尊為了使眾生悟入自性，便請二十五位菩薩各自敘說他們「發明心地，悟覺本體」的方法。其中，每一位菩薩依據自我根性的不同，都各自發展、經驗出不同的「圓通法門」。也就是說，二十五種法門，任何一門修持成功，都叫作「圓通法門」。一門通，門門通。我們經常如此比喻，譬如房間一共有五個門、或四個門，進來時，你只能走一個門進來，而不可能同時一個人從五個門進來。當然，如果我們希望通過或了解這五個門各自不同的狀況、特質，自然可以一次又一次地、重複五次，分別從五個門進來，五個門經驗，但是，這是一件迂迴而又疲憊的事，我們可能消耗了大量的心力、時光，而未曾掌握啟開任何一扇門的關鍵與訣竅；也因而，從未曾進入其中的一扇。因此，修行，必須一門深入。從一扇門裡直接進入，這是至為善巧、速捷的途徑。一扇門進來以後，每扇門都是相通的，這名為圓通。

一門通，一切門通。自性裡面並沒有門，只有悟入自性時有修行的法門。修行時有方便門，悟入了即沒有門，所以《楞伽經》說無門為法門；（編案：三種《楞伽經》譯本，皆無「無門為法門」之語。可參見《景德傳燈錄》卷六：「楞伽經云。佛語心為宗。無門為法門。」等）有門可入是方便，無門為門是頓悟。《楞嚴經》的二十五種圓通，修行時是方便，一旦修成，「空所空滅」與「寂滅現前」，就是親證圓通，也是頓悟自性。所謂圓通，這即是「圓滿」、「共通」。因為修耳根圓通的觀世音菩薩所悟的本體自性，跟其餘二十四位菩薩並無不同；都是完全相同的真如，並沒有第二個。

## 四、以耳根掌握觀音智慧

世尊特別讚許觀世音菩薩的「耳根圓通法門」，以為至為「當機」，最適合人眾修習，唯因耳根最為善巧聰利，無論遠近、方所，有沒有阻隔，對不對境（聲音來時，固然可以聽見，沒有聲音時，也可了知無聲）都可以聞聽，即使在睡眠時，仍未完全喪失它的功能（夢中聽見打鑼，醒來時，仍可依稀記得，昨夜恍然有人在打鑼），因此，特別期勉行者善用耳根，掌握觀世音菩薩的智慧。

觀世音菩薩從初發心開始，即追隨「觀音古佛」修行。觀音古佛所傳授的，即是耳根圓通法門，因為是一門「觀察聲音」的法門，因此，圓成了，也名為「觀音菩薩」。觀音菩薩的傳承如此，因此，你、我，以及每一位有情，倘若也依持耳根法門修行，成就了，將來，也是一尊觀音菩薩。

人人都可能成為觀世音菩薩。即使僅只是單獨持念「南無觀世音菩薩」、或〈白衣大士神咒〉、或〈大悲咒〉、或〈大明咒〉、或《心經》、或《延命十句觀音經》、或《楞嚴經》的耳根圓通法門，都是修行觀音法門，只要成功，也都是觀世音菩薩，都可以一邊修行，一邊自利、利他，以智慧、慈悲心協助自己，也協助他人。

我自己，是修觀音法門的；方式很簡單，僅只是念觀音、拜觀音，心中恆常有觀音。也依此，勸大家一起念觀音、拜觀音，常於心中見觀音。我如此一個普通的凡夫，只能以自己修行的法門，勸導大眾共同發心修持觀世音菩薩的法門，自利利他。經由自己，觀世音菩薩悲智的力量——他的梵音、海潮音也從此傳播、弘揚出去；那麼，就某一方面說，自己也代表了觀世音菩薩；肯以此發心修持，實踐觀世音菩薩精神的每一個人，也都是觀世音菩薩的化身了。

而觀世音菩薩的精神，即是利他。從初發心開始，一直到成為聖位的菩薩摩訶薩，乃至「性成無上道」的觀音佛，皆以利他為著眼，布施種種方便的法門，利益群生，所以觀世音菩薩是大施主，稱為施無畏者。

在這冊書中，一共介紹了七種觀音法門。但是，卻涵納了無量無數的法門，如同七株根部相連的大樹般，各自鋪展出無數的花果枝葉，而不同的人也就依此得到不同的感應和利益。大乘佛教傳播的區域中，無論漢傳佛教或藏傳佛教，都傳播著以觀世音菩薩為核心的修持法門。漢傳系的大乘佛教，傳遍東北亞乃至東南亞，也都廣泛地流傳著觀世音菩薩的修持法門。

七種法門，唯有《心經》與《楞嚴經》至為透徹、深入，能入佛心髓，抵達真正的圓滿。其餘的，自然也不能說不圓滿——倘若持〈大悲咒〉及觀世音聖號等，不以自我中心的自私心修持，而能以尋聲救苦的大悲心來持誦，念念熏習，也都是悟入自性成就無上菩提的法門。

七種法門，即使僅是持念一句「南無觀世音菩薩」，也是無上法門，重點在於持之以恆，深心相續，以覺證自我、自利利他為究竟圓滿。如此，門門道道，皆是無上法門，皆是觀音手眼。

# 〈大悲咒〉與《大悲懺》

之於經懺，自己一向抱持著一種既複雜、又矛盾的情感。從小，自一落髮剃度，成為一名小沙彌，我便也就是一名念經拜懺的「經懺僧」了。於狼山，每日醒來，固然要念佛拜懺；到了上海的「大聖寺」，那更是一個純粹的經懺道場，每天夜以繼日地，只是忙著為施主家增福延壽，為超薦亡靈而誦經、拜懺、放焰口，再也沒有任何讀書的時間與空間。

在上海趕經懺的那段時間，有了深深的感慨，即佛教界人才奇缺，為死人超度的經懺僧每每皆是，能講經說法、契入佛理、化導迷俗的，卻如鳳毛麟角。我於是要求師公上人，讓我出去讀幾年書。就這樣，成為上海靜安佛學院的一名插班學生。

然而，即若是在靜安佛學院，在物質非常艱難的窘迫中，學僧們也必須兼做經懺佛事，來維持學院的生活費與教育費。

我一方面痛恨經懺，恨它使得佛法窄化、墮落，淪為某種虛有其表、浮濫不實的商品模式——僅為超度死人、亡靈、鬼神而用。將佛法簡化為「經懺」，而汲汲營營。徒然代表了「法」的衰微，及僧才、僧格的墮落。

然而，另一方面，我因為不斷拜懺、持咒，經由佛菩薩的慈悲加被，而不住地跨過困厄與障礙，我更深刻地體驗了懺法中所具有的不可思議的「洗滌」與「淨化」、「悔罪」與「拔贖」的力量——透過懺法，行者的確可以滌淨累世累劫，由於人性的無知無明、惡質雜質，以及瞋癡愛恨所積澱的業力障礙。

## 一、〈大悲咒〉與《大悲懺》

經懺，包括的種類繁多，以觀音為主的《大悲懺》僅是其中之一。

但是，〈大悲咒〉與《大悲懺》是不是一樣呢？兩者究竟有何關聯？又有何差別？不少初入門的佛子都會湧生這樣的困惑。

〈大悲咒〉與《大悲懺》，兩者系出同源，皆出自《大悲心陀羅尼經》。「陀羅尼」，即「咒」的意思。〈大悲咒〉即是千手千眼觀音於這部經典中所宣說的無上咒語，也就是千手千眼觀音的根本咒。它一共包含了八十四句，四百一十五字。

《大悲懺》則是相傳為世尊幼子「羅睺羅」化身的宋代知禮和尚，根據這部《大悲心陀羅尼經》為主體，所發展、編寫、制定出的儀軌。它包含了〈大悲咒〉，以及經典的核心思想，同時，也涵蓋了安置道場、結界、供養、入懺、啟懺，以及懺悔、觀行的種種程序和儀式。誦一個〈大悲咒〉僅需幾分鐘的時間，拜一部《大悲懺》則往往需要兩個鐘頭左右。

《大悲懺》是一類「懺門」，也是佛法中的「事門」，是透過「事相」、「儀軌」的形式，透過聲音、梵唄、莊嚴的道場、虔穆的信眾，所集體共同震盪、共同表彰的宗教情感和宗教情操。依此，它也是一項「共修的法門」。

## 二、共修與獨修

為什麼一定要「共修」呢？只要夠虔誠，難道不能一人隨時隨地獨修、獨懺嗎？也許，會有人也生起如是的疑惑。

這是由於人的念頭總是一個接一個，如野馬一般地飄忽、閃動，因此，獨修、獨懺，則須具足一定的專注以及攝心的能力，行者必須對自身有十足的信心與把握，能夠察覺到一己意念、意識的散動、浮想，立即將它收攝回來，回歸於當下的懺文、懺儀中。早期，於高雄山寺中的禁足、閉關中，我個人即是採取獨修的方式進行《大悲懺》。由於它要求了高度的專注與禪定，因此，並非初修者以初始的散心、浮心可以做到的。依此，格外需要練就一番修行的工夫與素養。

採取「共修」於初學者格外得力，唯因「木頭總是跟著木排跑」。一根木頭，可能在洶湧的河面東奔西竄，不知漂向何處；一排又一排的木筏，牢牢綁緊，則可能井然有序，片毫不失地安全抵達彼岸。這便是「依眾，合眾」的善巧方便。首先，它舉行的地點，是一座清淨、莊嚴，而寧靜、安詳的道場。人們一進入道場，也便自然地攝心莊穆起來。同時，在拜懺的過程中，由於梵唄、唱誦、儀軌不斷持續舉行著，即使心念偶爾流轉、飄忽、岔開了，也不可能完全中斷、停止下來。且由於「木頭總是跟著木排走」的巨大凝聚力，一個飄閃的妄念，根本敵不過百個、數百個，甚或上千個虔心專注的力量。因此，妄念瞬即打散，又融入強而有力的「共懺」主流中。

由是，你懺悔，他懺悔，我懺悔……，集體的氛圍，帶來相互的震撼與交響；那懺悔，即如一股氣勢龐大的洪流般，能夠發自心底的，滌淨一己內外的垢惡與罪障。

懺悔，唯有在真正的虔誠懇切中，才能發生作用，也才能具體轉變身、心。散心浮動，則不易獲得拜懺的效果。「共修」則相對地，以集體的力量，轉化了個體所可能有的散亂、疲怠，而能傾全副心意地，達到「拜懺除障」的目的。

這是為什麼世界各大宗教都採行類似的集體祈禱、禮拜和誦讚。唯因他人的虔誠，總是能喚醒自我的虔誠；他人的慚愧，也總能提醒一己的慚愧；而他人的善好，也總能激發自體的善好。以致，感應道交，在相互的輝映與激盪中，不僅在情緒上，也在具體的感受、經驗上，真真誠誠地檢省，也真真實實地懺悔、淨化了。

## 三、觀音證覺的慈悲般若

自從宋代知禮和尚制定《大悲懺》懺儀，《大悲懺》法會即成為漢地通常流行，且普受歡迎的觀音法會。然而，雖屬於懺門，它的內容，並不僅僅於消極的懺悔，也不僅止於個人的消災祈福以及現世利益。做為一部「觀音法門」，它指涉了觀音證覺的般若與涅槃，也指涉了觀音的慈悲與方便。行者入懺的十大願文，分別是：

南無大悲觀世音——願我速知一切法；

南無大悲觀世音——願我早得智慧眼；

南無大悲觀世音——願我速度一切眾；

南無大悲觀世音——願我早得善方便；
南無大悲觀世音——願我速乘般若船；
南無大悲觀世音——願我早得越苦海；
南無大悲觀世音——願我速得戒定道；
南無大悲觀世音——願我早登涅槃山；
南無大悲觀世音——願我速會無為舍；
南無大悲觀世音——願我早同法性身。

終極地，此懺的意義，仍在自我的悟覺與拔贖。通過個我的證覺解脫，而發起與觀音的慈悲相契相應的廣大菩提心，以種種善巧方便、利益，也協助有情證覺法性。

## 四、逆行菩薩

除了拜《大悲懺》祈求消災淨業，在現實現世中，碰見坷坎煩惱、挫折障礙時，又該以如何的方法面對、滌淨呢？

將所有妨礙、干擾、苦惱、嫉妒、厭憎自己的，都當作是「逆行菩薩」罷。首先，最重要的，是不起瞋恨心。一旦有恨，則如同燎原之火般，對自己，難以處理；對他人，更難原宥。恨，僅會衍生更多、更難以控制、駕馭的問題。其次，了解自己是一個凡夫、一個猶未抵達解脫道的平常人；他人也是，仍有許多人性的闃暗無明、貪瞋煩惱在燒燃、作祟。彼此，都需要更高的學習與調整。

這樣看來，所謂的挫折、逆境，也無非只是修行「忍辱行」的時光，一段「鍊心」與「調御」的過程，同時，一旦深明因果、深信因果，行者即能以更大的寬厚與慈忍，承擔個人的業力與果報。針對逆境，汲取智慧與慈悲。

其三，該怎麼處理的事，就怎麼處理、怎麼做。盡可能地「不以自我為中心」，而客觀清明地審查狀況，於「使社會成本減至最低、耗損最小」的前提下，協助自我以及他人，共同解決困境，降低傷害。

其四，倘若發現錯誤的肇始，不在對方而在自身，更該以迅捷的速度，立即訂正，立即成長。同時，以感謝、感恩的心情面對一己的問題——畢竟由於那人的存在，使得自身才有機會看清自我心靈的「黑暗倉庫」。

如此，「以情恕人，以理律己」——對他人用慈悲，對自己用智慧。一切的坎坷、逆境，自然化為智慧的泉源，也自行蛻變為慈悲的路徑。

究竟《大悲懺》的意義，不僅在於拜懺那兩個小時的滌淨而已；更在於日常生活情境中，時時念想起觀音的慈悲與柔忍，以之做為「淨化」的楷模與行則。如此，「懺」才能在我們的生命內容中發生根本的意義。

## 五、佛菩薩修證的心髓密碼

至於，不了解〈大悲咒〉會不會影響持咒的功德？乃至發音標不標準，會不會干擾了修持的力量？

陀羅尼，即「咒」，又稱為「總持」，意思是「持善不失，持惡不起」——持了它，即可不失善念，不起惡行。它是諸佛菩薩修持得果的心要，也是他們獨特的精神密碼，日日持誦，長久熏修，自然能與諸佛菩薩「感應道交」。

它也是唐玄奘於譯場中所提出的「五不翻」之一。「不翻」，就是不採取意譯，直接使用音譯。陀羅尼，正屬於此五大項「不翻」的狀況之一。

為什麼「不翻」呢？

第一，它是祕密語，一種獨樹的密碼，含藏了每一尊佛菩薩修證的心髓。同時，也是一類「音聲法門」，直接透過音聲的共振與佛菩薩相應、共感。是拍給諸佛的電報系統。

第二，陀羅尼的每一個字、每一個音，皆含藏了無量義。無論翻出哪一個，皆只是它的一個斷片，也皆無法涵蓋它的全貌，以及深廣的指涉。因此，翻譯永遠是掛一漏萬，殘缺不全的。因而，不翻，始能周全涵攝所有。

正如我，聖嚴，這個字詞該怎麼翻呢？無論如何翻譯，皆很難表達我個人的生命全貌。但若直接喚「聖嚴」，便很清楚了，就是指涉我這個人，而非其他。

所以，歷來咒都保留梵文原音，採取直譯。由於直接譯音，自然隨著各地區的口音、習慣與表達的不同，會有些微的誤差。

然而，持咒貴在於行者的虔誠。只要一心專注，虔心持誦，誦至一念不生，便自然能感受到內在的定靜安和，也自有心蓮啟綻。

要點，也僅是持之以恆，念念相續，不忘不失。將每一次的持誦，皆當作一次虔心的呼喚與祈請。

# 體解生命的元素——五蘊

## 一、認識五蘊

欲了解《心經》的「照見五蘊皆空」法門，首先，須先認識「五蘊」——「五蘊」是什麼？

一部分人將「五蘊」誤以為「五行」——「五行」，即是中國的金、木、水、火、土，它出自《尚書》，是中國儒家哲學的基本觀念，後世道家哲學也廣泛採納其「陰陽五行」的思想。因此，也有人說「跳出三界外，不在五行中」，意即，離開金木水火土，離開了三界。

但是，「五行」是否即等於「五蘊」？兩者之間的關係、界別究竟為何？

「五蘊」出自佛家的概念，代表構成「人」之生命的五個要素，即是色、受、想、行、識。

色，指的是有形的、具體存在的物質體。我們的肉體、鳥獸、山河、林木、屋宇、餐具等都是。五行的「金木水火土」皆可以涵蓋在色蘊之內。因為，都是物質體，物質的元素。

色，有粗有細，有具象與隱微的。粗的物質體，眼睛可以看見，耳朵可以聽見，可以用手觸摸，也可以以身體感知。但是，微細的物質體，則較難以肉眼察覺，卻仍具體而微地存在著，例如，微生物、病毒、細菌、原子等。

受、想、行三者指的是心理的功能——「受」即感受、覺受的「受」。受苦受樂，感覺憂傷、恐怖或失望。「想」即思考、思想、想像、念想、猜想。「行」指的是心理的作用，心理的變遷、變化、與流動。「行」的特質，即是「相續流轉」——就是不斷不斷地變動、流轉著，如後一水滴推動前一水滴一般，流轉、變動個不停。

自然，我們的「念頭」，也是「行」的一部分——因為通常是前念持續到後念，後念又被緊逐而來的另一念所蓋過。念念相續，念念不已，一波又一波，不住流轉，不住變動，如此一念一念串聯下去，組成一種既連貫，又變動的心理行為。

精確地說，「受」與「想」都屬於「行」的一部分——是流動的心理狀態中，更明顯，更容易被觀照、覺察的部分。

微細的「行」，自己無法察覺，唯有在禪定中，可以感知。那剎那、剎那，極深、極細的流轉、變動，了知這即是「行」的現象。

識，包含了三個層面——其一、是認識、認知；其二、是分析、辨別；其三、則指從前一生至這一生，從這一生到下一生，能夠收藏、貯存生命種種行為、印記的一個記憶的「藏庫」或「主體」。

## 二、如何「照見五蘊皆空」？

《心經》一起首即說「觀自在菩薩，行深般若波羅蜜多時，照見五蘊皆空，度一切苦厄」——那麼，如何「照見五蘊皆空」呢？

意思是，要以觀自在菩薩一般清明、深湛、具有同樣高度與深度的智慧來逐一地觀察、分析、檢視，以及體驗構成我們生命，構成我們的宇宙、世界的這五個要素——一樣一樣地檢驗、體察身心結構中的物質狀態與精神、心理狀態。

第一個層次，首先觀察我們的生命，由「五蘊」組合、結構而成。只要「五蘊」少一項，生命即不存在。然而，五蘊本身不離於「緣起法則」，皆依著時空的因緣不住變化、組合，並沒有自性。因此，生命現象是虛而不實的，是暫時，而非永恆的。

第二個層次，進一步逐一仔細檢視「五蘊」本身——

## （一）色蘊

五蘊的第一項「色蘊」，指構成肉身的物質：肌肉、骨骼、頭髮、皮膚、血液、神經、指甲……，一切五臟六腑，凡是構成我們身體的物質，皆不離於「色蘊」；也即是佛家所稱為的「四大和合」。

「四大」即指地、水、火、風四個元素。身體中固體的部分，通稱為「地大」，即皮膚、骨骼、四肢、五官、五臟、神經等。流體的，稱為「水大」，即血液、眼淚、唾沫、汗水等。消化食物，而產生身體的熱量、熱能，維持生命的供需，即是「火大」，體溫即是。「風大」，即指身體內運行流動的氣體，例如呼吸、放屁、廢氣的排除，以及氣脈的循轉。

身體本身恆常於新陳代謝中，變化不已；四大也是。我們飲食，而後排尿、排汗、排便……，一切緩緩變移消失。皮膚上的角質隨著歲月，緩緩蛻落——無論清洗或不清洗，終將如是流失，如是變化。頭髮乾萎、禿少了，牙齒蛀蝕、缺漏了——即使不提「五蘊」，光是「色蘊」便在日日地變化、流轉中，更何況心理、精神的狀態！

## （二）受蘊

「受蘊」，通常我們將「受」，分為苦、樂、憂、喜、捨，五種狀態。但，即使是非常深刻的「苦」，苦的程度也將在時光中有所變化，有所消長——譬如癌症的末期，是非常深劇的苦受，但是，打了一劑止痛針，痛的感覺消失了，苦的覺受變淺了……，於「苦」的自身，仍然有著細微的覺受的變化與挪移——即使是所謂「到底」的苦也是一樣。「到底了！」那麼意謂著下一波的苦將有所更生，有所轉變。

苦如此，其餘四種樂、憂、喜、捨，也是如此。皆不是恆定的，而是不住消長挪移，有深有重，有輕有淺，有上升，也有下降……。即便是「苦」，也不可能置身於永遠的高潮中，恆續不變。這，即是「受蘊」的本質——短暫、變動、游移。

### （三）想蘊

「想蘊」，是一種觀念、一種思考、一種想法，以及推敲。倘若把時間拉長，便不難發現自己思考的模式、思考的立場和角度，都在蛻變中。

這個早上，一名弟子整理了我數年來之於僧團的開示，依照日期一日一日，一年一年累疊排開。

「怎麼不分類，還用編年體啊？」玩笑問道。

「這樣做，是為了讓大家閱讀之後，了解師父思想的變化，從早期到中期到晚期，脈絡清清楚楚……。」弟子回答。

經他一說，自己倒不好意思了，宛如過去自己講話經常改變著，不算數似地。便笑著問他：「這，是變得好，或變得不好了呢？」

「很難說變得好，或變得不好。就是說，在不同的時段，師父之於僧團弟子的談話重點不一樣……，可能體會不一樣、感受不一樣，強調重點也不同。同時，僧團的狀況也改變了，人數增多，部門增加，環境不同，面目也不同。針對變化的情境，自然也有了改變、調整。」弟子說道。

的確，人的想法，思考的角度、方向、深度，皆會隨著年歲、歷練，有所更迭——可能成長，也可能衰退。兩者，都是「想」的變化。

不變，就好嗎？

最近，至榮總身體檢驗時，遇見一位老榮民。他一認出是我，便絮叨個不停，說的都是四、五十年前他當兵的環境、時代、情境。彷彿時代往前轉動了半個世紀，他的想法仍停滯在五十年前一般。

但是，他的想法果真沒有改變嗎？有變，只是他自己認為沒有改變罷了——當他在述說的時刻，其實，他已由目前的自己來選擇，強化自己的記憶角度和觀點了；和五十年前在軍中的那名小伙子畢竟不同。

笛卡兒說：「我思，故我在。」意思是，當你在思考、思想的時候，這個就是你。問題是，我們的思考恆常是在變的，年輕的想法與現在差距很多，昨日的想法與今天又有所差異，甚至每一分鐘，每一秒鐘，思考、思想的方向和重點皆在變化、推移。例如，心間很恨一個人，忽然想起佛法，又生起一個念頭：「不要恨下去，該慈悲他！原諒他！」這樣，念頭於剎那間即「轉」過來，「變」過來。

所謂「心猿意馬」，指的是「心」變化、奔馳、變改的速度。這個我們以為的「心」，所代表的即是「思」，即是「想」——既然「想」不住地改變，則

「我思，故我在」——由一連串變化、不實的想法，所築構的「我」，如是，也如泡沫一般，生生滅滅，變化不實。一樣是空寂、了無自性的。

## （四）行蘊

「行蘊」包含深與淺兩個層次。淺地說，凡是心理作用，例如「受」和「想」皆含有「行」的成分和功能——因為「行蘊」的特質，即是「持續不住地轉變」，是運行不已，又轉變不止的。而什麼是既流動又轉變的呢？是心，是念。受也罷，想也罷，都屬於心念的活動。因之，粗淺地講「行」，則心理上的行蘊則必和「受」與「想」同時出現。「受」的功能中含有「行」的質素，「想」也是。

深一層凝觀，「行蘊」可以是單獨運作的，不一定須與「受蘊」中的苦、樂、憂、喜、捨，或「想蘊」中的思考、思想、推理聯結運作。例如於睡眠中，當深睡至無夢的狀態，不與諸「心」，不與「受」、「想」並行，但「行」——

心理的持續變化仍然流動著，只是無法察覺、無法記憶罷了。「無夢心」並不等於沒有，它意謂著「行」——心理的流動以更隱微、更難以覺察的方式進行。

而在禪定的狀態中，所謂「定的喜樂」——禪悅、定樂中，那也有「受」，而此「受」則與「行」並現。在更深、更純粹的禪定中，倘若未出三界，未了生死，則「行」必定還在。直到最高的定中，「受」、「想」已經不存，但「行」仍然存在，並未離開「行」。

「行蘊」既然有深有淺，於時間上又包含「轉變」與「持續」兩重意義，自然，其本身即是無常、不恆持，而缺乏自性的。

那麼，在「定」中呢？「行」可不可能僅持續，而不轉變？

不可能。即若在「定」中，行蘊也在轉變中——出定、入定、深定和淺定，即代表著不同階段的變遷與流動。

此世不可能含藏永遠不變的東西，這個「心」，尤其不可能！能夠恆持下去，永遠不變的，就不是「心」了——不是我們的凡夫心、虛妄心，而是「真心」、「涅槃心」。

如是，受、想、行三者都是變化、無常的。「無常」故「無我」；「無我」，即是「空」——既是「空」的，就不是「真正的我」。

我們執持現象界的身體為「我」，感覺、思想為「我」，究其根柢只是「色、受、想、行」所投影出的心理作用。心理作用將「色蘊」中四大和合的假相肉身視為「我」，也將遷流不止的感受、想法、念頭……，種種心理活動皆視為「我」，而迷頭認影，以為它具體實存，而牢執不捨。

道理易解，但是，倘不以智慧深深參照、印證的話，下一刻，一旦我們遭遇不順意的人事，聽見逆耳的話語，立即又生氣、忘記了——因為它並未形成經驗，僅是一個知識、理論、概念，並不是真實的體驗與經驗。不來自於切身的驗證，則不是真工夫。

## （五）識蘊

「識蘊」，是個深奧的學問。原始佛法，只談六識，即眼、耳、鼻、舌、身、意共六識；重點集中於第六識的「分別識」。六識不難從日常生活中感知、察覺。但是，人自出生而至死亡，於流轉過程中，所一世一世攜帶、埋藏，更進而影響此世與未來世的微細意識，倘若仍將之命名為「第六意識」，則很難更進一步地剖析、微觀；因此，到了唯識的大乘佛法，則更深細地區分出了第七意識，以及第八藏識。

首先，從第六意識談起，第六意識的「識」含有兩種功能：第一是和五識同時並現，稱為「五俱意識」。例如眼睛觀看、耳朵聆聽、鼻子嗅聞、皮膚觸接、舌頭辨味的時候——眼睛為什麼能夠知曉這是紅的、白的、藍的呢？——這即是第六意識所賦予的「分別」；或者是從記憶中，給它一個標示、記號或名詞。第六意識已在現有儲存的知識、資料中，與現有的五識配合，予它一個「定位」，例如，這朵花是紅的、那朵是白的……，但是，為什麼叫作「紅」而不叫「藍」呢？因為於向來一貫的知識儲存裡，這個顏色即被「定名」為「紅」。知識、認識、記憶皆屬於腦的作用；因之，腦的作用，可以說，也即是「識」。

眼、耳、鼻、舌、身，五識必定是與外緣、外境接觸而後產生的。此五識自身單獨並不能產生任何功能，必須與第六意識相合，才能產生作用。因之，我們將它與第六意識合併，共同稱為「前六識」。

第二是「第六意識」自身，並不一定需要通過五官始能運作。它具有單獨運作的能力，稱為「獨頭意識」，諸如下列的三種狀況：

1.夢中。做夢時，與當前的外界、外境並沒有任何關係，它屬於「意」識的單獨運作，名為夢中獨頭意識。

2.精神疾病，精神錯亂的時候。一名精神錯亂者，自以為會聽見什麼、看見什麼，但與實際上的五官沒有任何關係，僅只是意識混亂之後，所產生的虛妄幻象、幻聽。

記得曾有一名弟子，自己並不知道已經陷入精神恍惚中。某個深夜，他忽然向我的侍者索取我房門的鑰匙。

「師父安板眠息了。」侍者說。

而他惶急回答：「你趕快去！趕快去！師父有病，病得極重，現在快要死了！快要死了！」因為，於恍惚中，他的耳朵分明聽到，有人告訴他，師父重病了，就快要往生……，他於是惶急地趕來奔喪。他的確聽到，但事實上，與他的耳根、耳朵了無關係，而是腦的作用，是狂亂獨頭意識的幻覺。

3.禪定中。於深的禪定，眼、耳、鼻、舌、身等五官全放下了，五根也不用了，唯餘意識存在——就是定中獨頭意識。定中的意識是否等於「行」呢？是，是微細行蘊的狀態、作用。第六意識於定中時，它的功能，即是「行」，它與意識同時存在，同時地流動與變化。但十分地隱微、深細，而難以察覺。

因之，第六意識，可以稱之為「意識流」，因為它的特質即是既流動、又變化的——一種是受環境、情境的影響，通過五官、五根而產生功能；有時使用眼睛，有時使用耳朵、嘴唇……，恆常依情境而變化不已、流動不羈。即若是夢中，精神狂亂，乃至於定中，它仍可以泯除五官，而獨立運作；仍如湍流一般地流動不已、遞變不止。

第六意識雖然不住變動，但仍然有一種持續的功能，能將過去的種子，一直帶到未來；從前一生到此一生，再從此一生至下一世——這個種子，佛法稱為業、業力或業識。此生，以及過去無量生所尚未消失的業的力量，即潛伏於第六意識中。

雖然，箇中並沒有所謂「持續不變的我」——因業因、業果的運作，來生的面目，可能與此生大異其趣，但是，的確有某種影響，某種力量，某種印記，持續於下一生。

唯識系的大乘佛法為了進一步地剖析，於是，將第六意識更精密地區分成第七識和第八識。

第七識是什麼？

第七識即是把「第八識」當成「我」，將「八識所藏的種子」視為「自己」而牢執不捨。由於誤將業力視為「自我的本體」，因而業力即一生、一生牢固地執持，延續下去，而受其果報。因之，第七識即「自我的執著」，又名「第七意識」。

第八識，即「阿賴耶識」，亦即「藏識」，能藏、所藏、執藏，收藏著一切業的種子。我們的降生，固然帶著我們的業的種子，由「業因」而決定。一旦出生了，也自然會造各種業，又將業的種子藏到第八識去。第八識到了下一生，種子成熟了，現為「果報」。一生一生把種子藏進第八識，一生一生的果報，也從第八識的種子顯現出來。

那麼，第八識是不是就是「真我」呢？

不是。因為第八識的種子永遠是川流不息的，隨著業因、業力而改變。宛如瀑布一樣，從上游急湧下來，我們老是望見一條瀑布掛在懸崖峭壁上，彷彿永遠不變。但瀑布的水，卻是既持續又流變的，永遠不是先前的那一滴、那一串水。八識的狀況也是一樣，表面上，一世一世流轉著，宛如持續的「有」，卻是流轉、變遷的，並非永遠不變的是同一個「我」。

因此，無論從任何一個角度來看，八識雖然攜帶業的種子，卻非一個永恆不變的「真我」，雖然具有「持續」的性質，卻是遷流、變化、不實的。僅是虛幻的「有」，隨因緣、業力而變化、組合。

那麼，第八識是不是就是「靈魂」呢？——也許會有人這樣以為。

一般人的印象中，所謂「生」，即是肉體與靈魂結合、接觸在一起，即是活人。所謂「死」，便是靈魂脫離肉體獨立存在，肉體化為失去靈魂的屍體。傳統中，我們賦予這樣的「靈魂」種種不同的名稱，或叫鬼魂、神魂、魂魄……，一部分人甚至稱之為「三魂七魄」，以為人死之後，靈魂是可以化分為無數「分身」的，有的看著一己的死屍，有的接受兒孫、親友的祭祀，有的便自由自在於屋內或其他地方飄移、遊蕩著。也有人認為靈魂僅有一個，去世時，即靈魂離開肉體，化為單獨的存在。此時，肉體化為屍體、遺骨，靈魂則升上天堂或墜落地獄，這樣的靈魂也可以轉世，或逗留陰間，成為鬼魂。

這些觀念似是而非——為什麼呢？

這些觀念下的「靈魂」，類似於一個人今天住在新店，明天搬家至新竹。房子雖然不一樣了，裡面住的卻總是同一個人。也有點像一個人可以自己選擇，好一點的身體或好一點的環境一般。靈魂變成一種自由自在、任隨心意的存在。

這是絕對錯誤的。

識不是這樣的。識並沒有一定的、固定的、不變的東西，而是恆常變化、流動的。像是一個「倉庫」一般——不是一棟房子一樣的倉庫，而是「一股凝聚的力量」。上面提過，第七識將第八識所藏的種子，視為「自我」，而執著「我」

的存在。因此，第八識便依附在那裡，將「凝聚的力量」也藏了進去。這個力量，既可以藏進去，也可以拿出來——當拿出來時，就成為「從因變果」——過去造的業，這個「因」或「種子」的某一部分正好遇見恰切的因緣，因而成熟、顯現出來——並不是所有的種子全部都成熟，只有一部分種子遇見「恰到好處」的緣而成熟。成熟之後則形成結果，而在結果的同時又製造業；而新的業又吸納、儲存進去了。因此，第八識那宛如倉庫一樣的倉儲，永遠是在變動中——內容在變，質與量皆在變。

而這個業的種子，具有主動的力量，能自行和外面的因緣配合起來，變成產生結果的一個原因。這樣的識，與靈魂絕對不同——靈魂的概念中，它的量和體是永遠不變的，如同搬家一樣；人搬家了，家是搬了，地方也搬了，但是，這個人還是同一個人。

第八識不是。它不斷地在變化、更動、形成中，類似於說，這個人是從過去來的，但已不是過去那個人，有了新的質與量的遞轉、流變。

既然諸識只是「相續流轉」，因而相對的，也是了無實相，僅是因緣業果的幻化變現。如是，識蘊也是空無自性的。不過《心經》中的識蘊，只講到第六識，唯識學的經論，才有七、八二識。

《心經》的五蘊皆空，初以分析法，了知色法、心法，無自性故空，終以空慧觀照，當體即空，毋須分析，觀自在菩薩即以甚深的般若空慧，隨時照見，自身的五蘊所成我是空，眾生的五蘊所成我亦無一不空，亦助眾生照見五蘊皆空，能度一切苦厄。

# 照見五蘊皆空的法門

觀念的認知，不等於經驗。如何將我們所具有的「色、受、想、行、識——五蘊皆空」的觀念，具體轉化為生命的經驗？如何地起修與行證呢？

首先，須修「觀想」的「觀」。通常，不經過一段訓練，於自己日常生活中，突然要修觀、起觀，是很難真正「觀」起來。

倘若參加禪修，透過系統的訓練，則可以依著步驟開始觀照五蘊。

怎麼觀呢？

## 一、身體是禪修的工具

先從身體觀起——觀「身」和「受」。觀「身體」於「受」中的狀況，也觀「心」於「受」中的感覺——受，一定是身體在受，形成了感覺；而感覺是心。之後，再觀感覺的時候，心的反應是什麼？例如我們在喝一杯很濃的咖啡，第一個在未喝之前即可能已聞到咖啡的味道，「嗯，好香！」讓你很想喝它，這是一種感受，一種很自然的反應。自然的反應實際上也是通過我們身體的嗅覺的「受」，而在心理上產生「很想喝它」的欲望。此刻，進一步觀察一己心理的反應是什麼？是一種愛渴、貪欲、執著、喜歡、占有、眷戀……，種種心態俱會呈現。換句話說，整個喝咖啡的過程，乍看之下，好像是非常實在的我在那個地方，其實不是。只是心理的反應，一下、一下，不同的反應，以極快的速度，連繫性地串聯起來——於喝一杯咖啡的過程，身與受的反應便已相當複雜了。這是我們日常生活裡，可以隨時經驗，也可以提醒覺觀的對象。

但是，如果心很粗，沒有辦法覺觀，只知道咖啡很好喝，喝完之後很滿足，只想下一次再喝，一次一次地喝……，這樣的話，是沒辦法觀空的。

那麼，只有打坐。於打坐中，先觀身。從身體的「受」觀起。觀察身體的受，漸漸地，由強烈而淡化……，淡至再沒有感覺身體的存在，只餘心理的活動。如此，便進一步觀察心理的活動與反應，就能覺察到，心理的反應不是在想像過去、回憶過去，便就是推想未來、期待未來、憂慮未來。又或者，只是鈍鈍地，遲滯而茫然，宛如在做白日夢一般。這些「心」的狀態，其實即是「五蘊」中的「受、想、行」，當我們能這樣觀察時，即已經是在「觀五蘊」了——觀身體的時候，是觀「色蘊」；觀心態的時候，即是觀「受、想、行」蘊。

漸次地，我們將發現，對於肉體的執著，僅是一種心理作用。當身體的執著逐漸淡化，淡化到最後，身體對自身而言，便可能只是一種負擔——當沒有感覺身體的存在時，身體就不會困擾你，也不再干擾你，也不再覺得是負擔了；什麼癢啊、痠啊、痲啊、痛啊、累啊、快感啊、沉重啊、美呀、醜啊……，這些問題全都沒有了！

打坐坐到深的時候，坐到身體沒有，身體的覺受也沒有了——意即，身體的粗受（粗的受）消失的時候，便會覺得，身體對自己而言，已不是自我中心的代表物。此時，即是觀「色」——「色即是空」——觀色身「即有而空」。即有，有啊！還在，卻又是空的。身體在此，在打坐，卻對一己不是負擔。一般人並不了解身體是一種負擔，反執取著以為是幸福。但是，於上坐後的觀修中，當對身體的感覺和執著逐漸淡化，我們將發現，有身體，是負擔；沒有身體，才是解脫。雖然，身體的解脫，並不等於心理的解脫，但是觀到這個層次，已逐漸剝離之於色身的執著，也漸次突破「色蘊」的羅網。不過也請記住：禪修必從身體入手，身體是禪修的工具，不是自我的中心。

## 二、無住於心

更進一步即屬於「觀心」的層次。何謂「心」？「心」是什麼？人們通常難以察覺一己的心理活動的現象，除非在深刻的痛苦中，否則無法察知。於禪坐中，當行者安靜下來，不受身體或環境的各種負擔、困擾或誘惑時，便僅存心理的活動，包括「受、想、行」等。意即，心理的「受」若與身接觸的話，可能產生樂、痛、苦、癢、麻、脹等。但身體的觸受淡去以後，便僅餘觀念上的感受——感覺生命的存在、或內心湧現的思想活動——這類思想活動已屬微細，不再那麼粗了（粗的指與身體結合的諸受），於此微細的層次中，始能覺察「受」、「想」這兩樣東西在動，那便是「行」。自己了了分明，這是在動……。

於中，苦、樂漸漸析離，變成「不苦不樂受」，也叫「捨受」。捨，還是受；不苦不樂受，還是受。尋常人僅滯留於苦受、樂受中。苦、樂俱捨，沒有苦樂憂喜，即名為「捨」。這種不苦不樂中，仍存有的「受」，即名為「捨受」。在不斷捨苦捨樂之後，我們將感到一種輕鬆，一種非常地安靜、柔軟和輕巧；於中，更覺知到生命存在之美——那非常地美，伴以安定、寧靜、安全與晰明。

這樣的感覺，仍在受、想、行之中，尚未超越。仍要將之逐漸置放下來——即是要「觀空」。也就是說，舉凡清淨、寧靜、安定、安全……，種種感覺也須認知它是空的，也是一種心理的反應，不要在乎，不要執取。否則，即容易沉溺其中，一上坐墊即希望享有此類輕安的覺受。而這樣的覺受，事實上也是自我中心的一種狀態。

此時，便須「觀空」——如何觀呢？即告訴自己，我只是在修行，在打坐，不要太在乎它、貪戀它、執著它。漸漸、漸漸地，此受也將離開，行者的思想將日趨澹泊。

## 三、以真智慧積極看待世間

思想漸呈澹泊，「行」的問題仍存在著，並未解脫。則須以「智慧」來觀——在自己尚未獲得真智以前，則「依佛智慧，用佛智慧」：依持、使用佛菩薩的深慧來觀察我們的身心世界，了解它們都是幻構，都不是真的，也都是空的。箇中，但於自己身內、身外的一切諸事、諸相中，若還存有一絲自我存在的感覺，則尚未契入空慧中。

如此深刻觀照，漸止於空。但是，停止於空，並不等於解脫。「空」也是一種受，必須連「空」的感受也放下，如此，則漸契於解脫境界。

為什麼觀空到達空的境界，其實還是未契空性，還是「不空」的呢？

因為，感受到空，感覺到空，體驗到空的，仍是自己——仍有「我」在感受空，而將那個空視為「我」，是另一更深細難除的「自我中心」。

沒有修行的普通人，將虛幻的身體和心理現象視為「我」，視為「我的」價值或「有我」在主宰，在存在、作為。

修行之後將發現，身體也罷，環境或心理的種種現狀、現象、情境，全皆是虛的、假的、幻的、空的——那麼便可能進一步什麼都不要，什麼都放下，呈現「滯止於空」的狀態。這樣的空，佛法名之為「頑空」。這顯然不是太好的字眼，因為，一旦「住」入頑空，行者將對世間採取消極、否定的態度，除了不想參與，也想放下責任，逃避一切。因此，我們稱之為「頑空」——本質上還有一個「非常堅固的自我」、一個「在注意空的自我」在那個地方。明明說「沒有」，其實是「有」；有一個「我」，在「注意空」。「以空為我」——「以空為我」的這個「我」是不是「有」呢？有，還在！

因此，進一步空也好，有也好，超越空和有——不住於「空」、不住於「有」，不執著空，不執著有的時刻，即是智慧。

它必須於禪定中，修到「滅受想定」時。此時，「受、想」滅掉，「行」

仍存在。要超出「行」的有與無，則須「離空離有」。離開「有」的什麼？離開「色、受、想、行」，也離「空」，離自我中心中的「以空為我」。

離有離空，則真智現前，也即是《心經》所說的「行深般若波羅蜜多時，照見五蘊皆空」，接下去的經文便是「色不異空，空不異色；色即是空，空即是色」——不只色蘊如此，受蘊、想蘊、行蘊、識蘊，也是一樣；都是一個「不即」，一個「不離」——而不是「空就是空」，一無所有、抹滅一切的「頑空」。這才是真正能以積極態度看待世間的真智慧：首先，自我中心消除了，就要回到一己的生活中，與人相處，與物相接，與世間保持密切的關係與互動。而於互動交流中，並沒有我。為什麼？五蘊建構的「我」是虛幻不實的；但現象的假合存有，是誰的現象呢？是眾生的現象有、業力的現象有。如是，雖然了知五蘊皆空，不再受五蘊現象的變化，而生起喜怒哀樂煩惱的情緒。煩惱空淨，但環境中自己的身體還在，還要吃喝，還要工作、生活，還存在人與人的責任與互動。這個存在，其一是我們原有業力的持續；其次，即是眾生還在，並未解脫離苦。所以，自己即或已經解脫，已是「五蘊皆空，度一切苦厄」，但是，廣大有情並未離苦，須加以善巧救拔。也或者，行者雖已離苦，但業仍在——離苦，僅是離卻心靈的負擔，但昔日所造的業仍殘存著，並不因悟覺，從此便可不認帳了。

帳仍在，但認帳，並不意味著受苦。倘能「照見五蘊皆空」，那麼，認帳，僅是化被動的業力為主動的布施，從自我拔度的苦厄中，進一步協助有情，拔度累世積集的苦厄。

如此，不即不離，即空即有，則可以起大智而離苦，起大悲而濟厄。入於五濁而恆保清涼，現於煩惱而恆觀自在。

# 《心經》中的時空觀

《心經》雖則僅有二百六十字，卻涵蓋了從基礎至深湛的修持。「五蘊皆空」僅是它的總綱。從這個綱領——「五蘊」再可細析為四個要目：1.從空間來分析，2.從時間來分析，3.從凡夫立場來分析，4.從已成佛、已解脫的聖者狀態來分析。由是，從凡夫位至聖人位，《心經》涵蓋了各種次第的修行要訣，是一部非常精簡、實用的經典。但是，由於許多的講經者不斷談著「般若」、「涅槃」、「空相」之類的名相，以致使得人們莫測其高深。

然而，《心經》是日常生活中皆可應用的，根本所談的也僅是生命存在至為現實，而息息相關的命題——解釋「人」是怎麼產生的？究竟是怎樣一種東西？為什麼受苦？又如何可以不受苦？從受苦至不受苦的過程如何？

## 一、從空間上分析

從空間上分析《心經》，它論及六根、六塵、六識。六根（眼、耳、鼻、舌、身、意）即我們生理的現象；六塵（色、聲、香、味、觸、法）即環境、情境的現象；六識（眼識、耳識、鼻識、舌識、身識、意識）即生理與情境連結後產生的心理現象。生命、生活的持續，於空間上必然是六根、六塵、六識的配合運作，也必然是身、心與環境，生理、心理與情境交疊互動的狀態。每一個人類的日常生活、生命活動皆如此，皆不離於此三組十八界。

六根，眼、耳、鼻、舌、身、意，即指我們的生理現象和條件。何謂「意根」，前面已談過意識，再把意識的前一念連下來連至後一念，便是將前一念的「念頭」當作後一念的「念頭」的根，叫作「意根」。前一念從哪裡來？前一念因身體五官與環境接觸而產生五識。環境是什麼？即色、聲、香、味、觸、法等「六塵」。色、聲、香、味、觸不難理解，但「法」是什麼？法，即「意根」所對的境，即符號、觀念。比如「紅」，紅顏色是「色」；但是，如果語言上說

「紅」，視覺上並沒有紅色，我們的腦海卻能清晰了知是紅顏色，這即是符號、觀念——也即是「法」。

眼根對色。「色」即指任何一樣眼睛可以看見的物質體，顏色形狀、線條形式等，又叫「色塵」或「色境」。「塵」即物質。「五塵」即五根所對應的五種物質：即眼睛所看見的「色」；耳朵所聽聞的「聲」；鼻子嗅覺的「香」（「香」總攝所有氣息）；舌頭所辨識的「味」；身體所接觸的「觸」，包括冷、暖、粗、細、澀、滑。

眼睛的視覺、耳朵的聽覺、鼻子的嗅覺、舌頭的味覺、身體的觸覺——這個覺，即名為「識」。倘若缺乏六識，五根與五塵接觸，便等於沒有接觸，便不能生起任何的認識與知覺，也不能生起心理的經驗與作用——此中，「意根」和「法塵」兩者屬於精神與物質體的交接點，也是由物質進入心理的層面。

三組十八界，六根、六塵、六識，必定聯合互動，始能產生一個人的生命和生活現象。

「盲人無法看見，聾子無法聽覺，不也照樣活著嗎？」也許有人會這樣反駁。

的確，人類之中確有五根齊備或殘缺的，殘障人士也於不完整中仍努力活著，比如夜盲、色盲或生而失明。看不見東西，即以耳朵、聽覺來代替，或用身體、四肢的觸碰來替代——我們將之稱為六根、六識的互相替補作用——本質上，根、識僅是以更內化、轉化的方式進行，並未完全消失。

「五蘊皆空」——從「五蘊」的角度，生命是空的；從空間的現象分析「我」，也是空的。六根、六識、六塵，一共包含十八個項目，組成生命的事實。從菩薩智慧的角度來觀照，名為「十八界」，此十八個項目組合的生命究竟是什麼？是「空間中『我』的存在」，是依不斷的因緣組合而缺乏自性的存在，因此，是空的。

十八個依因緣構成的項目，形成了「我」，但是，究其本質，這十八個項目，哪一個項目是「我」呢？它僅是組合起來，於運作中的一種幻覺、幻象。當我們少了一隻眼後，是不是「我」呢？少了兩隻眼，又是不是我呢？一旦全部十八個項目都沒有了，我在哪裡呢？這都是一個一個項目，一一組合而成的，十八個零件一樣一樣拆開來，你說，「我」在何處？

由是，從空間上解析，十八界依因緣變動組合，那依之形成的「我」，因而，也是空的，是虛幻、不實，而非永恆地存在。

## 二、從時間上分析

從時間上來分析。空間上構成的「我」，名為「十八界」；時間上構成的「我」，名為「十二因緣」。五蘊事實上便是涵納著時間與空間的整體。

十二因緣具有兩種解釋：一種從此生當下，這一生就是十二因緣的過渡，就是十二因緣一個階段接續一個階段的起承轉合。一種就是從無始的過去，乃至於無終的未來，只要生命未能解脫，十二因緣便恆續流轉，推動生死輪迴之輪。倘若證得解脫，過去是無始，未來卻是可終的。無始而有終，這是苦難的有情於修行的過程中所追尋的目標、層次與進階——因個人的修行而不同，但將持續著直至解脫為止；無論是小乘的解脫或大乘的解脫。

從時間上看我們的生命，最為大家所熟悉的，莫過於「三世」的說法。三世含括三類定義，即過去三世、現生三世、未來三世。過去三世，指累劫累世以來，一次次的過去生與過去世。現生三世，指現在這一階段，今天、昨天、明天是三世。現下一念、前一念、後一念，也是三世。現在此生、過去一生、未來一生，也形成三世。未來三世，即指未來到死，死而又生，於未來際的無量生死與無量輪迴。

無論是哪一種，輾轉三世，都不離於十二個因緣的流變與輪迴。我們便從最切身的現生三世談起。

十二個因緣，即「無明緣行，行緣識，識緣名色，名色緣六入，六入緣觸，觸緣受，受緣愛，愛緣取，取緣有，有緣生，生緣老死憂悲苦惱」。也就是「無明、行、識、名色、六入、觸、受、愛、取、有、生、老死」十二個項目。

我們是從生命的「入胎」開始，為什麼而入胎呢？是由無始的無明煩惱，形成第八識，第七識便將之視為「自我的本體」而引發妄想的變動與連續，這即是「無明緣行」。牢執八識的「無明」，而於微細識中產生「我」、「我在」的執取。此微細識相續流動、愈積愈強，則衍為更粗、更鮮明、具體的六識，便是「行緣識」。

如何具體投射，實踐一個今世的「我」呢？則是「投胎」，具現具體的「名色」，具體的「身與心」。「名」指精神、心理的部分；「色」即是肉體、物質的部分。「識至名色」指的是父母的精卵結合，正於渾沌朦朧中，緩緩孕育，架構一團血肉，更進而漸漸呈現出一個更晰明的身心的過程。胎兒於此中略略具備了「人」的模樣、形狀與質素。

更進一步，則發展出眼、耳、鼻、舌、身、意等「六入」，更完整齊備地呈顯一個具體人類的小宇宙——具有完整的五官、肢體，以及頭腦、意識、思維的運作。

「六入」是人類身心通向外界的窗口。缺乏六入，即無法實踐「成為人」或「生為人」的生命意志。

「觸」，傳統的解釋，認為自胎兒誕生開始，經由「六入」，眼、耳、鼻、舌、身、意的相對、相接，而產生「觸」，產生接觸、觸知、觸覺。經由「觸」

產生「受」，有了各種苦受、樂受、好受、壞受，種種滋味，種種況味……，於中，又產生了「愛」。這裡，「愛」一字涵蓋了兩面的意思：一面是喜歡，可意、可愛的；相對的一面則是不喜歡、不可意，想排斥、拒絕、丟棄的。「愛」下面則是「取」，兩者其實是前後的關係。一旦有了「愛」，有了悅愛與憎惡，便有了「取捨」與「執取」——執念著想「取」得自己所愛、所悅、所以為好的；相對地，對於不愛、不喜悅、不適意地，即想排斥、打壓和捨棄。

「愛」與「取」兩者的階段非常流長，縱貫生命的所有階段、每一面相。從出生懂得肚子餓，要吃要喝，以及希望追求，希望獲得開始，一直到死亡為止，我們皆處於這樣的境界裡：愛的，就去取；不愛的，趕快丟！經常不斷在這種狀況下。「愛」就變成「貪」，貪得無厭、求索不止。不愛的呢？就想丟掉，丟不掉就恨；取不到、愛不到就恨。種種煩惱於是蔓衍、燒灼。

前述提到，傳統的說法認為「觸」在嬰兒出生以後才發生。但是，現代科學卻進一步指出，在結胎時期，胎兒五、六個月大時，便有了聽覺、觸覺，也能吞嚥——將羊水吞進去又排出來。因此，「六入緣觸」這一部分，在胎兒逐漸具足眼、耳、鼻、舌、身、意的過程，「觸」已經隨著官能的具顯逐步發生。但是，更清楚的「觸」以及後面的「受」、「愛」、「取」，則在出生以後才完整呈現。我們不難看到其中強烈的作用：例如嬰兒出生不久，即希望拿東西往嘴裡塞。我們總是這樣重複著，即便長大以後，也不斷地愛取，不斷地希望將所愛、所欲的，統統放入一己嘴裡。然而，由於禮貌、道德、社會、文化、法律……，種種因素的制約，我們無能如斯猖狂，見什麼都要愛、要取，也因而不能完全順意而為。但人們的內心深處卻總還是這個樣子，總希望多得一點、多得一點——尤其之於一己所愛悅、戀執的事物。

因為有愛、有取，人類的生命過程中便造了種種行為、種種的業。而不住地愛取、不住造業的原因，都緣於「有」——緣於我們將自我的身心、乃至於器世間的一切都視為「具體的存在」、視為實存的「有」。由於誤認為真實，以致牢牢執取，不肯放下，便任由愛取，埋首造業。業力的種子又埋藏於第八識「阿賴耶識」中，七識於微細的流轉識中依然將「業識的種子」視為「真實有」，以為「有我」、「我在」；於是，又將具胎成形，投入下一生了。

下一生的一旦出生，則又難免於老死憂悲苦惱。十二因緣如是運轉不歇，鋪蓋了一世一世的無明愛取，以及一世一世的死生輪迴。

因之，佛家要說，三界最難突破的「見惑」（見解的迷惑）及「思惑」（貪、瞋等煩惱），即是在十二因緣的時間長流中，不斷地因惑而造業，因造生死業而感生死果報，便是「有」——因為視業報體的自我及身心、世界為實有，便構成見、思二惑，便造生死之業，便感生死果報。這就是十二因緣的三世循環生死流轉。

# 《心經》的解脫觀

《心經》雖極簡短，卻涵蓋了從基礎至深湛的修持，由凡夫至成佛的果位。五蘊是時空整合的我的生命，十八界是空間的我的組合，十二因緣是時間的我的持續。這些都是欲界眾生的生死法，若能以無漏的般若，無我的空慧，觀照此三類因緣的組合及因果循環，當體即空，便得解脫，便得轉凡夫為聖人。唯聖人也有二類，一是小乘，二是大乘。小乘聖者的解脫，是出離三界生死；大乘聖者的解脫，是不戀生死亦不畏生死，斷除煩惱是解脫，利益眾生入生死，那就是《心經》說：「無無明，亦無無明盡，乃至無老死，亦無老死盡。」

從凡夫的立場來分析，「無明」為首，推動十二因緣，鋪構出我們凡夫的入胎、出胎、身心世界、愛渴執取、老死憂悲，乃至於歷劫的輪迴。尋常人莫不如此，皆在無盡的「無明——老死」中，永遠生而老，老而死，死而生……，沉淪於無止的無明煩惱、生死流轉以及愛渴悲欣中。這即是人類的實相，凡夫生存的狀態，是「有無明，有老死」。

如是，從無明生，無明滅，以至「無無明，亦無無明盡，乃至無老死，亦無老死盡」，所指陳的，即是解脫聖者的兩種狀態，也就是小乘佛法與大乘佛法兩種解脫的層次。「無明盡」乃至「老死盡」，是小乘聖者的解脫；「無無明，亦無無明盡」乃至「無老死，亦無老死盡」，是大乘菩薩摩訶薩的解脫。

## 一、小乘，解脫輪迴

小乘的佛法是「從有到無」，認為五蘊及十二因緣具體的存在、運作，「有無明、有觸受、有愛取、有老死」，生死之輪依此持續下去，欲使苦海眾生離苦得樂，欲證解脫，則須「斷無明」，無明一斷，則老死永斷，輪迴永斷。五蘊一離，便得解脫。十八界一出，便出生死。

小乘聖人依此而觀「五蘊」，觀「十二因緣」，觀六根、六識、六塵等

「十八界」，一一破除，了知一切非我、無我，都是無常、變易、不真實的，由是而拔除根本無明、泯滅煩惱、解脫三界，永不再往返於三界，墜於次次的輪迴死生中。

於小乘的觀點是認為我是空的、無的，五蘊、十八界、十二因緣的法是有的，所以凡夫是「有無明，有老死」，相對的解脫的聖者也「有無明盡，有老死盡」。由是，摧破無明，出離三界，不復再入輪迴，再入生老病死，是具體的「無明盡，老死盡」。

## 二、大乘，覺醒有情

大乘聖者卻認為，生死中的我，如化如幻，當體即是空的，五蘊、十八界、十二因緣法，也是如化如幻，當體即空的，當體便不執取，能不執取如化如幻的自我，也不執取如化如幻的五蘊、十八界、十二因緣為實有，便能清涼安住，不必厭離，也無所迷惑。

同時，認知輾轉三世，無非僅是一個華麗的虛幻之柱罷了。凡夫以為「有」，所以牢牢執取、愛渴憂悲、生死往來，無論如何總不肯放棄這幻愛的虛幻之柱。小乘聖者也一樣認為「有」，了解其中的生死憂悲、煩惱過患，而急於脫離虛幻之柱，永不再來。大乘菩薩卻了知，此柱本是幻構的，本來即是空的。無論如何地華麗、誘惑，如何地狂亂、顛倒、恐怖……，都沒有實相，也沒有實體，以致，當下即「看破」生死，不執著生死。因為，連生死也只是虛幻色心的起滅來去，本然空性，本來沒有起滅來去。所以《心經》要說：「是諸法空相，不生不滅，不垢不淨，不增不減。」

不惑於生死，自然也無懼於生死。生死的可怕，在於我們有煩惱、有戀執、有恐懼，有著本能的之於五蘊色心所成「我」的執取。大乘菩薩穿透其間的幻象，於是，於生死的當下，便能不受生死困擾，也不受此虛幻之柱的各種幻象所吸引、所愚弄。

由於累世所發的悲願，菩薩們於是乘著悲願，屢屢回歸此虛幻之柱，於生死中去去來來、來來去去，協助一切炎惱有情。於風雨旱潦，人世間種種自然與非自然的苦難中，一樣歷劫生死、備嘗荼苦，卻能安住空寂，不受其中的煩惱所摧折——於煩惱中離煩惱，於老死中離老死，於無明中離無明。

他人的生死輪，卻是菩薩的悲願輪。

因此，小乘的聖者是「有無明，無明盡」，乃至於「有老死，老死盡」。修行，以期從無明乃至於老死得解脫輪迴為究極。

大乘菩薩卻是「無無明，亦無無明盡」，乃至於「無老死，亦無老死盡」。修行，在於生死煩惱中，恆保安定，恆住清涼，一世世地投入輪轉中，一世世地燃燈，一世世覺醒有情。

# 持誦聖號的法門

觀音法門一共涵納七個法門，至深的是《楞嚴經》的「耳根圓通法門」，以及《心經》的「照見五蘊皆空法門」，那麼，初入門時，行者是否應該由淺入深地漸次修行呢？

## 一、根性決定法門

不一定。須看根性，依個人不同的善根因緣。

有人一開始即是「頓起」的，一入門，即直接參修耳根圓通法門；也有人則從《心經》的照見五蘊皆空法門入手。

一般從「信心」開始的，〈普門品〉則最為親切、容易，因為只需念「南無觀世音菩薩」或「觀音菩薩」四個字。方法非常簡單：任何時間，不用頭腦、毋須思考的時候，都可以念觀世音菩薩；默念可以，出聲念也可以；七個字可以，四個字也可以。

## 二、持誦的方法

若默念，最好用數珠。可以隨身都帶著數珠，短的十顆、十二顆、十八顆，長的則是一百零八顆。念一圈，即是圓滿一個數字。當然，不一定要記數。觸著念珠，即是提醒自己要念，一念觀世音菩薩，心便安靜下來，變得比較平和、穩定、安全……，焦慮與煩躁便漸漸淡化了。

因此，念觀音，當下便有用，當下便能寧靜、能安心。不一定需要有所求、有所感應——有所求念觀音，很好；無所求念觀音，那是平常修行、念自家珍寶，那更好！它是鍊心之道，練習「無著」、「無執」與「無求」。

日常工作時可念，睡覺前仍可念。吃飯、工作、如廁都可以——只是於廁所裡，默念即可，不要大聲念。不是怕菩薩生氣，而是怕他人起了煩惱，以為是對菩薩的不敬。行、住、坐、臥，將觀音聖號持得綿綿密密、一心不亂，自然能與菩薩悲願相通、智慧相通。

記不記數，並非絕對。初學時，為令自己發心堅定、發心長遠，設立一個數字、一個目標，是極好的；或萬遍、數萬遍，乃至數百萬遍的菩薩聖號……，令自己每日警策著，長遠恆持地誦念。此時，不妨手邊一邊拿著一串一百零八顆的長數珠，一邊則拈著十顆的小數珠。每轉念完一遍長數珠，則撥一顆小數珠。小數珠十顆數完轉過一圈，便知已誦了一千零八十遍。小數珠數過十圈，即知到了一萬零八百遍了。

忘了記數？也沒關係。若已養成習慣，日常已不斷、不住地念著，就毋須刻意再數。重點只是在於，恆常安住於觀世音菩薩聖號中，讓菩薩聖號流灌一己的身、口、意，洗滌一己的身、口、意。

## 三、佛法無住相

「唵嘛呢叭彌吽」〈六字大明咒〉，與觀世音菩薩聖號完全相同，它是西藏系統，以藏文發音的「觀音咒」，大概是元朝時傳入中土，於漢地廣為流傳，也是藏傳系統至為風行的咒語。只是，有別於中土的是，西藏更常以法輪，取代數珠。高山蒼遠、草原遼闊，西藏的在家居士，手上便持著小小的法輪，不住轉著、轉著……「唵嘛呢叭彌吽，唵嘛呢叭彌吽，唵嘛呢叭彌吽！」……，從黎明到黃昏，轉於朝山朝聖的時刻，也轉於顛沛流亡的時候。

無情說法，之於西藏人而言，怕是極自然地罷——他們不僅以自身有情的身、口而念；也將神咒與聖號書寫於繽紛的風幡上。風來時，幡旗飄盪著……「沙沙沙」……，每一絲顫動，都是一句聖號；每一次拂擺，也都是一句「唵嘛呢叭彌吽」。

那風與旗便永永遠遠、日日夜夜誦念著聖號。觀音的慈悲便福佑著大地，如慈母般，撫慰著每一個苦難的生靈。

# 在家居士的修持之道

常人將虛幻的身體與心理現象視為自我。而在深觀五蘊的過程，相對地，則可能將空視為有，以空為我，呈現另一更深細地執取。直至離空、離有，沒有自我中心，智慧始能現前。這樣高的境界，是否唯有出家僧眾始能抵達？在家的居士又該如何修持呢？一名居士曾經問到。

## 一、具足信念

首先，須從觀念上，從理念的分析中，接受它。其二，願意接受，且具足信心與信念。譬如說，人們告訴你，臺北好好喔！一到臺北，一切問題都解決了，痛苦也消失了！然而你卻在高雄，從未曾來過臺北。但是，現在有人——一名來自臺北的人，告訴高雄人，臺北的諸多好處，許多高雄人便會願意接受，願意想像。了解這是一名老臺北的道地經驗，自己在北上以前，北上的過程中，乃至到了臺北以後，該有怎樣的心理準備，以及認知、理解。

除非具足這樣的認知與信念，一個人很難當真「發心」前往臺北，甚至抵達臺北。同樣地，也可以向臺北人介紹高雄如何地好法，也得使臺北人相信了，才會前往高雄。

因此，在我們剛開始觀修色身，實際地觀想尚未開始，尚未著力的時候，得從心底先接受它的概念思維，信念不疑！當遇見得失、利害、瞋愛、毀譽等巨大煩惱的衝擊時，能於深刻的痛苦中，持念《心經》這句：「觀自在菩薩，行深般若波羅蜜多時，照見五蘊皆空，度一切苦厄。」倘記不得那麼長，即記「照見五蘊皆空，度一切苦厄」；倘仍太長，則縮短為「五蘊皆空，離一切苦」。五蘊皆空，離一切苦，一共僅有八個字，就把它當成咒語來念罷。於痛苦、煩惱，無法解決，也不知何去何從之時，即念這八個字。多念！多念！多念！以信心而念、而持，苦即會少些，煩惱也將輕些。這是初步的狀況，非常有用！是我自身經驗過的。

## 二、不執著夢幻泡影

其次，於煩惱、災難，或困難、危險時，觀「災難是什麼？」、「困頓危險是什麼？」——無論它們是什麼，都只是一個暫時的現象，終將消失。它依因緣出現，也將依因緣而離去。我們所要做的，也只是當下現前的面對。倘能趨吉避凶，則避；不能，則面對它、接受它，以智慧的方式處理、對待。心間毋須再難過，因為，難過也沒有用！須一再告訴自己：煩惱也沒有用。愈煩惱，則愈焦慮、愈多障礙，愈缺乏智慧；愈缺乏智慧，則愈痛苦，問題愈嚴重！

自己缺乏智慧，則須「用佛智慧」：用菩薩、經典的智慧。狀況該怎麼處理，就怎麼處理。實在沒有辦法，則念觀自在菩薩，或觀世音菩薩。念了菩薩名號，則須以安定心面對事件，了知種種現象皆有如夢幻泡影。夢幻泡影不能說沒有——做夢時有；幻象、幻覺是有，水泡是有，投影也宛然存在。類似的種種生命現象、社會現象、自然現象……，我們須當下便能覺知、提醒自身：這些是臨時的有、暫時的有、因緣的有，本質皆空！沒有不變的存在。現在出現了，只要面對它，很快便將過去。此際是壞現象，然而壞現象過去了，好現象即會出現。僅要依著智慧尋找因緣、促成因緣，好因緣自然會於時空中翩然綻開。

後記

# 江心上的月影

千江有水千江月——之於我，觀世音菩薩如同一輪皎潔的明月一般，從孩提童蒙，至剃度成長，乃至為僧、為師，始終映照著一己的生命，以及修行的途軌。

## 塑個又大又美的觀音

我孩提的家鄉，坐落於長江北岸南通縣狼山廣教寺山腳下不遠的地方。那裡，歷煎中國長期的動亂與解體，生命總處在一種「共相」的貧窮與慘迫中——地主窮，而無片土片牆的佃農更窮。在貧陋寒傖的鄉下，村人泰半目不識丁，所接觸的宗教，大抵也是佛、神、仙、鬼混融、混合的一種民俗信仰。

也許，正因為貧迫窮傖，以致，之於一種遙遠的「淨土」，一種超越現世現實的「撫慰」與「拔濟」，更有著一類本能的渴望與期待。我那小小的、文盲充滿的偏野小村，竟流行起一項「觀音會」來——究竟是由誰起頭？誰來組織、結構的呢？早已無從追溯。然而，那裡似乎「福至心靈」一般，幾十戶人家，共組了一個「觀音會」，也共用了同一幅民間木刻版印、看來十分粗潦的「觀音畫像」。每屆一定的時光，便將觀音畫像請出，放在負責主事的「東道主」廳堂上，左近鄰居的婦女們，便攜兒帶女，一起持誦《觀音經》。這樣年年輪序著，又像家庭集合，又像婦女聚會似地，每輪到誰，便將觀音像掛在那家堂壁上。

許是觀音的女性形象畢竟最能打動同體女性的情感罷。小小的村子，竟然人人都修，婦女都會，便連不識字的祖母、母親也都琅琅上口，能背誦起《心經》與《觀音經》。

也怕是同樣的緣故罷。那裡，還流行著一樣獨特的風俗，就是「豆腐會」——一旦有人謝世，村人並不直接露骨地稱「人死」，而改喚為「吃豆腐」。因為凡是殯喪的人家，一律都是準備「豆腐齋」的。即是以豆腐為主，加上海帶、蘿蔔、野蔬等，略略四、五樣清簡的齋菜；不分哪家，都是如此。

以致，聽到大人口耳相傳著：「到某某家『吃豆腐』！」便知道，那家有人去世了。

「吃豆腐」一詞，即成為一種樸厚的轉折——根生大地一般，有一點悲傷、觸動，卻有著另樣的親厚、明亮與溫煦。生與死、樂與憂，童年的記憶便交織於「觀音會」與「豆腐會」中。

塑像的觀音珍貴而耗資，貧苦的鄉下根本不容許有一尊。兒時，跟隨母親去「觀音會」，每每望著堂上所掛的粗糙、粗潦的觀音畫像，便發獃著想：「這觀音像好難看喔！等我長大，一定要塑一個又大又美的觀音。」

## 當然想做和尚

回回這樣獃想著，也未究竟深意。時光悠悠過去，十三歲那年，一場大雨卻改變了自己的生命與生涯。那個夏日，一位戴姓鄰居剛自江北狼山遊歷歸來，踅經我家門口，卻遇見一場急雨。他進入我家避雨，一眼望見我，就想起狼山「廣教寺」方丈託他在江南找一個小和尚的事，便探問母親心意。

「你想做和尚嗎？」母親轉頭，以玩笑的口吻問我。

「好啊！當然想做。」我不假思索，也不知道什麼叫作「和尚」，即答道。母親楞了半晌，最後，仍將我的生辰八字，交給戴姓鄰居，以便方丈於佛前徵詢請示。

我於是到了狼山，出家，做了沙彌。

狼山，是自己與觀世音的另一緣起罷！

狼山，原本即是觀世音的道場，它肇基於唐高宗時代，龍朔和總章（西元六六一—六六九年）間。彼時，有位來自西域的梵僧僧伽大師，抵達狼山，他曾於此地掘出南北朝時期齊國香積寺的古碑，又曾掘獲古佛「普照王佛」的金像衣葉；而他自己，更曾具現為十一面觀音。其光嚴璀璨、威德赫赫，使得觀者歎為神異，而捨宅為寺。

唐中宗仰慕他，召他入宮問法，相對契和。直到僧伽大師坐化而亡，中宗仍思念不止，召來當代馳名的聖僧萬迴問道：「僧伽究竟是何許人？」

「觀音菩薩的化身。〈普門品〉不是說過嗎？觀音無量化身，應以比丘身得度者，則現比丘身。依此，僧伽大師以現沙門身廣攝有情。」萬迴回答。

除卻「變現」為十一面觀音，僧伽的度世濟世宛然也印現了〈普門品〉中之於觀音的稱歎。他的玄異極多，不僅能以楊枝、水瓶、懺悔治病禳災，且上至宮廷內府，下至官衙皂吏、庶民盜匪，乃至水生漁族，無不蒙其以各種善巧方便，慈悲普濟。及至坐化而亡，仍然經常影現真容，庇佑著江淮兩岸黎民百姓，免去一場場兵災屠戮。

由於曾為國師，且為唐朝盛極一時的崇仰，因此，他身後的尊號是「大聖國師王菩薩」。狼山由之奠基，經由知幻禪師及當地官紳士庶的相續經營、鑿啟，建立了大雄寶殿，名為「廣教禪林」。直到現在，山上正殿所供的即是創山的僧伽大師——這位傳說中的「十一面觀音」化身像；半山中仍矗立著知幻禪師塔。（關於僧伽大師的詳細經緯，可查閱宋贊寧所著的《宋高僧傳》）

那麼，於狼山剃度，也不能不算是與觀音菩薩的甚深因緣罷。

## 持誦觀世音，智慧大開

幼時的我，體弱而又智弱。入了狼山，做為一名沙彌，除了早晚課誦、撞鐘擊鼓，還要清潔環境、打掃庭院、整理廚廁，為老僧們洗衣裳、倒夜壺。以致，雖請了兩位老師授課，仍感到學習的困頓與遲騃。更艱難的是，每日得拜《八十八佛洪名寶懺》，且八十八尊，得按著次序前後，一尊都不許錯漏，也不許失誤。之於一個乍入佛門的孩子，那不啻是一個駭人的挑戰！師父對我說：「拜觀世音菩薩罷。拜了，便要好了……。」

我於是開始持誦觀音。每日，黎時醒覺，必先拜完了觀音，小和尚才開始撞鐘。這樣持續誦持，闇鈍的智力恍然透入了光照，三個月內，八十八佛便如清泉般流通胸臆，再也毋須憂掛。

十七歲時，離開狼山，進入上海靜安佛學院插班就讀；在佛學院，無論有沒有齋主、時節因緣如何，也總是日日拜《大悲懺》，風雨無阻。《大悲懺》是宋代天台宗的知禮和尚依據《大悲心陀羅尼經》為根本，所製作、發展出的懺法。自然與觀音息息相關，是含聚千手千眼、無量慈悲的「觀音法門」。

日日拜誦著《大悲懺》，一面努力咀嚼難解的佛學義理，時間進入民國三十七年（西元一九四八年）下半，整個大陸風聲鶴唳、戰火屠煎。

於兵火蕪亂中，政府規定，凡年輕的壯丁，無論僧俗皆須投入保衛上海的戰爭，由「團管區」負責學子們的軍事訓練、戰備演習。

兵火刀傷，顯然違背了佛陀「不殺」的戒律，也違反了佛家慈悲和平的精神。眼看著「投入戰線」的時光日益迫近，佛學院的學生個個憂心如焚，於無可奈何中也僅能一日日更努力地拜懺禱祝，祈求能夠轉危為安。這樣拜著懺，正臨到我們，計畫卻突然戛然而止。佛學院的學子因而免了一場戰爭的「兵劫」。

心中，更深刻地感念著觀世音菩薩的慈悲拔濟，也更真實地體會了懺法不可思議的功德；「拜懺」的確可以消除有情眾生身、心，以及種種境界、心理、肉體、精神的障礙與坎坷。

## 不忘江心上明月

爾後，從追隨軍旅來臺，至重新剃度出家，不忘的仍是江心上那輪明月。我終究仍是做了和尚，更且，一九六一年冬季，禁足、閉關於高雄美濃的山寺中，展開長達六年的披經、閱藏、參惟、著述、修行中，足足有半年的時光，每一日，我必在自身避靜的禪室中，進行著一人獨自的《大悲懺》法，祈求觀世音的大悲加持，使我畢竟能夠克服重重的艱難窒礙，突破牢鎖，成就向所來時的行願。

直到今日，成為一名禪師，領導著僧團，於東、西方往來奔走，主持過無數的禪七修行，也指導過無數禪修團體，觀音的慈悲與智慧，仍如一輪皎月，時時垂照著生命的行路，永永奉為修持的圭臬。

由是，說法鼓山是個觀音道場，並不為過。這是我所予以自身，和所有法鼓人，以及所有有情人間、有情器世的期許，與叮嚀。

千江有水千江月。一輪明月既可映照、投影於千江、萬江，乃至千億萬條江水之中；同時，千億條不同的江水也能同時映現、顯像出此一輪皎月來。換句話說，觀世音菩薩既可普門悲濟於一切有情眾生，每一位有情也可於自身中諦顯出觀音的形象，投映出他如月輪一般皎澈圓滿的智慧與慈悲。

〈普門品〉中描述的觀音的三十三化身，涉及了世間、出世間、天上、地下，乃至於各種性別、身分、年齡、地位、行業的人類與非人類——它意味著，無論你身處於何種狀態、何種身分、地位、年齡、職場，人人都可以試圖學習觀世音，也皆可以諦顯觀世音，轉化成為觀世音菩薩千百億化身的一部分。

## 以智慧修行、戒慎覺醒

觀世音的特質在於「大悲」，而真正的慈悲，則建立於「無我的智慧」中。唯其能夠放棄種種以「自我中心」為考量的愛憎喜怒、利害得失，以「生命同體」的立場與關懷出發，才能建立平等的慈悲。

這樣的慈悲，必須透過智慧，透過知識、教育、修行的覺醒和調整，始能抵達。

一般在學習的過程中，大抵可劃分為四類階梯：

一、並不特別了解，也不特別認識觀世音。只是懵懵懂懂，將觀音菩薩與民間的仙、道、神、鬼、關公、媽祖、城隍、太歲等一起並供，將之錯認為「福善禍淫」的神鬼之流，且以為「只要誰能有利於我，保佑於我，我便拜」。依此，拈香祈福，所祈求的無非個人世俗的幸福、成功、快樂、長壽等事。

二、略略認識觀世音，也了解、學習了一點佛法佛理，卻無法放下「自我中心」。在這個狀況中，居士、行者們可能一面持誦觀音，拜懺、祈願，一面發心終身吃素、布施、奉獻，做種種善業功德。但是，卻無法放下「自我中心」，仍充滿了人性中的各種欲望、雜質，各種恐懼、憎愛、貪婪、得失、比較……，善善惡惡、好好壞壞、苦惱憂悲仍常在內心拉鋸、鼓譟著。

三、進入《心經》的「照見五蘊皆空」，以及《楞嚴經》的「反聞聞自性」的階段。行者漸漸由淺入深，而能進入真實的「解脫道」中，契入觀音修證的心髓，而能「入流亡所」——入「法界流與法性流」，放下主觀的自我和客觀的對象，而能證覺「空性的智慧」。

四、融入眾生和娑婆苦難中，和光同塵。行者體達「空性、無我的智慧」，則須返歸娑婆濁世，教育、協助、悟覺、拔贖所有沉淪、受苦的有情。於經驗人間各式各樣坎坷磨難，受苦受難的同時，也「救苦救難」，慈悲撫濟。他的外表宛然與眾生的面貌一模一樣，同樣歷煎著生老病死、坎坷折磨，卻能以無量的心、行，無量的行動與實踐，諦現了生命的尊嚴與光華，安慰了普世受苦的心靈。

依此四個階段，依次提昇，依次學習，人人皆可以成為觀世音，也皆可以代表觀世音。達賴是；我，聖嚴是；諸位也是。並非有此無彼，有彼無此；僅要能具足、體現觀音的智慧與慈悲，在意義上，則代表了觀世音。

但是，必須提醒的是：要避免傲慢心！

「變化現身」的信仰與「眾難」、「救濟」的信仰，雖給中國大乘佛教帶來極為豐富的慈悲精神，並且使人能夠視一切眾生的種種型態，都是菩薩的現身說法。相對地，這類信仰也為大乘佛教帶來「神佛不分」和「以凡濫聖」的流毒，使得欺世盜名之徒，便以佛菩薩的化身、分身自居；諂媚悖理之流，將權勢重大的俗人，視為佛菩薩的「權現」。

因此，以觀音為楷模，學習菩薩的悲智慈撫的同時，也必須泯除自我的傲慢心：不以觀音的「化身」而自以為是，自命不凡；更不以是「本尊」而欺世盜名、顯異惑眾。

## 千江觀音，具現光華

那麼，什麼是「塑一個又大又美的觀音」呢？修行的目的，是為了如圖像上的觀音般，長出一千隻手臂與眼目嗎？

人們若是見到有一個「千手千眼」的怪物，突然現身於眼前，怕要嚇得立刻掉頭便跑罷。

由於凡夫眾生總是著取於「相」，因此，圖譜上，常將觀音畫成「千手千眼」的形象——千眼，象徵著智慧廣大的覺觀、凝照與理解；千手，則象徵著慈悲的行動、普濟與救贖。

它所彰顯的是實際的理解與行動，不是成為另一個超現實的其他的什麼。又大又美的觀音，存在於所有生命的內裡，依每一個心靈而塑造、完成。想望地獄，則是地獄化身；心，與觀音的悲智相應，則「變現」為觀音化身。一念相應，則是一個化身。

如是，每一條江流，無論大小深淺，皆可以投映明月、懷納明月；於自性自心中，形塑出一尊皎皎清華、又大又美的觀音。

如是，千江有水，千江之中皆顯現觀音，具足光華。

附錄一

# 《心經》

唐・三藏法師玄奘譯

觀自在菩薩，行深般若波羅蜜多時，照見五蘊皆空，度一切苦厄。舍利子！色不異空，空不異色；色即是空，空即是色；受、想、行、識，亦復如是。舍利子！是諸法空相，不生不滅，不垢不淨，不增不減。是故空中無色，無受、想、行、識。無眼、耳、鼻、舌、身、意；無色、聲、香、味、觸、法；無眼界，乃至無意識界。無無明，亦無無明盡；乃至無老死，亦無老死盡。無苦、集、滅、道。無智亦無得。以無所得故，菩提薩埵，依般若波羅蜜多故，心無罣礙；無罣礙故，無有恐怖，遠離顛倒夢想，究竟涅槃。三世諸佛，依般若波羅蜜多故，得阿耨多羅三藐三菩提。故知般若波羅蜜多，是大神咒，是大明咒，是無上咒，是無等等咒；能除一切苦，真實不虛。故說般若波羅蜜多咒，即說咒曰，揭諦！揭諦！波羅揭諦！波羅僧揭諦！菩提薩婆訶。

（《大正藏》第八冊八四八頁下）

# 附錄二

# 〈觀世音菩薩普門品〉

姚秦．三藏法師鳩摩羅什譯

爾時無盡意菩薩，即從座起，偏袒右肩，合掌向佛，而作是言：世尊！觀世音菩薩，以何因緣，名觀世音？佛告無盡意菩薩：善男子！若有無量百千萬億眾生，受諸苦惱，聞是觀世音菩薩，一心稱名，觀世音菩薩，即時觀其音聲，皆得解脫。若有持是觀世音菩薩名者，設入大火，火不能燒，由是菩薩威神力故。若為大水所漂，稱其名號，即得淺處。若有百千萬億眾生，為求金、銀、琉璃、車渠、馬瑙、珊瑚、虎珀、真珠等寶，入於大海。假使黑風吹其船舫，飄墮羅剎鬼國。其中若有乃至一人，稱觀世音菩薩名者，是諸人等，皆得解脫羅剎之難。以是因緣，名觀世音。若復有人，臨當被害，稱觀世音菩薩名者，彼所執刀杖，尋段段壞，而得解脫。若三千大千國土，滿中夜叉、羅刹，欲來惱人，聞其稱觀世音菩薩名者，是諸惡鬼，尚不能以惡眼視之，況復加害？設復有人，若有罪，若無罪，杻械枷鎖，檢繫其身，稱觀世音菩薩名者，皆悉斷壞，即得解脫。若三千大千國土，滿中怨賊，有一商主，將諸商人，齎持重寶，經過險路，其中一人，作是唱言：諸善男子，勿得恐怖！汝等應當一心稱觀世音菩薩名號，是菩薩能以無畏，施於眾生。汝等若稱名者，於此怨賊，當得解脫。眾商人聞，俱發聲言：南無觀世音菩薩。稱其名故，即得解脫。無盡意！觀世音菩薩摩訶薩，威神之力，巍巍如是。若有眾生，多於婬欲，常念恭敬觀世音菩薩，便得離欲。若多瞋恚，常念恭敬觀世音菩薩，便得離瞋。若多愚癡，常念恭敬觀世音菩薩，便得離癡。無盡意！觀世音菩薩，有如是等大威神力，多所饒益，是故眾生，常應心念。若有女人，設欲求男，禮拜供養觀世音菩薩，便生福德智慧之男，設欲求女，便生端正有相之女，宿植德本，眾人愛敬。無盡意！觀世音菩薩有如是力。若有眾生，恭敬禮拜觀世音菩薩，福不唐捐。是故眾生，皆應受持觀世音菩薩名號。無盡意！若有人受持六十二億恆河沙菩薩名字，復盡形供養飲食、衣服、臥具、醫藥。於汝意云何？是善男子、善女人，功德多不？無盡意言：甚多！世尊。佛言：若復有人，受持觀世音菩薩名號，乃至一時禮拜供養，是二人福正等無異，於百千萬億劫不可窮盡。無盡意！受持觀世音菩薩名號，得如是無量無邊福德之利。無盡意菩薩白佛言：世尊！觀世音菩薩云何遊此娑婆世界？云何而為眾生說法？方便之力其事云何？佛告無盡意菩薩：善男子！若有國土眾生，應以佛身得度者，觀世音菩薩即現佛身而為說法。應以辟支佛身得度者，即現辟支佛身而為說法。應以聲聞身得度者，即現聲聞身而為說法。應以梵王身得度者，即現梵王身而為說法。應以帝釋身得度者，即現帝釋身而為說法。應以自在天身得度者，即現自在天身而為說法。應以大自在天身得度者，即現大自在天身而為說法。應以天大將軍身得度者，即現天大將軍身而為說法。應以毘沙門身得度者，即現毘沙門身而為說法。應以小王身得度者，即現小王身而為說法。應以長者身得度者，即現長者身而為說法。應以居士身得度者，即現居士身而為說法。應以宰官身得度者，即現宰官身而為說法。應以婆羅門身得度者，即現婆羅門身而為說法。應以比丘、比丘尼、優婆塞、優婆夷身得度者，即現比丘、比丘尼、優婆塞、優婆夷身而為說法。應以長者、居士、宰官、婆羅門婦女身得度者，即現婦女身而為說法。應以童男、童女身得度者，即現童男、童女身而為說法。應以天、龍、夜叉、乾闥婆、阿修羅、迦樓羅、緊那羅、摩睺羅伽人非人等身得度者，即皆現之而為說法。應以執金剛神得度者，即現執金剛神而為說法。無盡意！是觀世音菩薩，成就如是功德，以種種形，遊諸國土，度脫眾生。是故汝等應當一心供養觀世音菩薩。是觀世音菩薩摩訶薩，於怖畏急難之中，能施無畏，是故此娑婆世界，皆號之為施無畏者。無盡意菩薩白佛言：世尊！我今當供養觀世音菩薩。即解頸眾寶珠瓔珞，價值百千兩金，而以與之，作是言：仁者！受此法施珍寶瓔珞。時觀世音菩薩不肯受之。無盡意復白觀世音菩薩言：仁者！愍我等故，受此瓔珞。爾時佛告觀世音菩薩：當愍此無盡意菩薩及四眾、天、龍、夜叉、乾闥婆、阿修羅、迦樓羅、緊那羅、摩睺羅伽人非人等故，受是瓔珞。即時觀世音菩薩愍諸四眾及於天、龍、人非人等，受其瓔珞，分作二分，一分奉釋迦牟尼佛，一分奉多寶佛塔。無盡意！觀世音菩薩有如是自在神力，遊於娑婆世界。爾時無盡意菩薩以偈問曰：

世尊妙相具，我今重問彼，佛子何因緣，名為觀世音，
具足妙相尊？偈答無盡意：汝聽觀音行，善應諸方所，
弘誓深如海，歷劫不思議，侍多千億佛，發大清淨願。
我為汝略說：聞名及見身，心念不空過，能滅諸有苦。
假使興害意，推落大火坑，念彼觀音力，火坑變成池。
或漂流巨海，龍魚諸鬼難，念彼觀音力，波浪不能沒。
或在須彌峰，為人所推墮，念彼觀音力，如日虛空住。
或被惡人逐，墮落金剛山，念彼觀音力，不能損一毛。
或值怨賊繞，各執刀加害，念彼觀音力，咸即起慈心。
或遭王難苦，臨刑欲壽終，念彼觀音力，刀尋段段壞。
或囚禁枷鎖，手足被杻械，念彼觀音力，釋然得解脫。

咒詛諸毒藥，所欲害身者，念彼觀音力，還著於本人。
或遇惡羅剎，毒龍諸鬼等，念彼觀音力，時悉不敢害。
若惡獸圍遶，利牙爪可怖，念彼觀音力，疾走無邊方。
蚖蛇及蝮蠍，氣毒煙火燃，念彼觀音力，尋聲自迴去。
雲雷鼓掣電，降雹澍大雨，念彼觀音力，應時得消散。
眾生被困厄，無量苦逼身，觀音妙智力，能救世間苦。
具足神通力，廣修智方便，十方諸國土，無剎不現身。
種種諸惡趣，地獄鬼畜生；生老病死苦，以漸悉令滅。
真觀清淨觀，廣大智慧觀，悲觀及慈觀，常願常瞻仰。
無垢清淨光，慧日破諸闇，能伏災風火，普明照世間。
悲體戒雷震，慈意妙大雲，澍甘露法雨，滅除煩惱焰。
諍訟經官處，怖畏軍陣中，念彼觀音力，眾怨悉退散。
妙音觀世音，梵音海潮音，勝彼世間音，是故須常念。
念念勿生疑，觀世音淨聖，於苦惱死厄，能為作依怙。

具一切功德，慈眼視眾生，福聚海無量，是故應頂禮。

爾時持地菩薩即從座起，前白佛言：世尊！若有眾生聞是〈觀世音菩薩品〉自在之業，普門示現神通力者，當知是人功德不少！佛說是〈普門品〉時，眾中八萬四千眾生，皆發無等等阿耨多羅三藐三菩提心。

（《大正藏》第九冊五十六頁下至五十八頁中）

附錄三

# 《大悲懺》（含〈大悲咒〉）

南無大悲觀世音菩薩（三稱）

## 爐香讚

爐香乍爇　法界蒙熏　諸佛海會悉遙聞
隨處結祥雲　誠意方殷　諸佛現全身
南無香雲蓋菩薩摩訶薩（三稱）

一切恭謹
一心頂禮十方常住三寶

是諸眾等　各各胡跪　嚴持香華　如法供養
願此香華雲　徧滿十方界　一一諸佛土
無量香莊嚴　具足菩薩道　成就如來香
我此香華徧十方……（中略）　同入無生　證佛智
供養已
一切恭謹
南無過去正法明如來。現前觀世音菩薩。成妙功德。具大慈悲。於一身心。現千手眼。照見法界。護持眾生。令發廣大道心。教持圓滿神咒。永離惡道。得生佛前。無間重愆。纏身惡疾。莫能救濟。悉使消除。三昧辯才。現生求願。皆令果遂。決定無疑。能使速獲三乘。早登佛地。威神之力。歎莫能窮。故我一心。歸命頂禮。
一心頂禮本師釋迦牟尼世尊
一心頂禮西方極樂世界阿彌陀世尊
一心頂禮過去無量億劫千光王靜住世尊

一心頂禮過去九十九億殑伽沙諸佛世尊
一心頂禮過去無量劫正法明世尊
一心頂禮十方一切諸佛世尊
一心頂禮賢劫千佛三世一切諸佛世尊
一心頂禮廣大圓滿無礙大悲心大陀羅尼神妙章句
一心頂禮觀音所說諸陀羅尼及十方三世一切尊法
一心頂禮千手千眼大慈大悲觀世音自在菩薩摩訶薩
一心頂禮大勢至菩薩摩訶薩
一心頂禮總持王菩薩摩訶薩
一心頂禮日光菩薩。月光菩薩摩訶薩
一心頂禮寶王菩薩。藥王菩薩。藥上菩薩摩訶薩
一心頂禮華嚴菩薩。大莊嚴菩薩。寶藏菩薩摩訶薩
一心頂禮德藏菩薩。金剛藏菩薩。虛空藏菩薩摩訶薩
一心頂禮彌勒菩薩。普賢菩薩。文殊師利菩薩摩訶薩

一心頂禮十方三世一切菩薩摩訶薩
一心頂禮摩訶迦葉無量無數大聲聞僧
一心頂禮闡天台教觀四明尊者法智大師
一心代為善吒梵摩瞿婆伽天子。護世四王。天龍八部。童目天女。虛空神。江海神。泉源神。河沼神。藥草樹林神。舍宅神。水神。火神。風神。土神。山神。地神。宮殿神等。及守護持咒。一切天龍鬼神。各及眷屬。頂禮三寶。

經云。若有比丘。比丘尼。優婆塞。優婆夷。童男童女。欲誦持者。於諸眾生。起慈悲心。先當從我發如是願。

南無大悲觀世音　願我速知一切法
南無大悲觀世音　願我早得智慧眼
南無大悲觀世音　願我速度一切眾
南無大悲觀世音　願我早得善方便
南無大悲觀世音　願我速乘般若船

南無大悲觀世音　願我早得越苦海
南無大悲觀世音　願我速得戒定道
南無大悲觀世音　願我早登涅槃山
南無大悲觀世音　願我速會無為舍
南無大悲觀世音　願我早同法性身
我若向刀山　刀山自摧折
我若向火湯　火湯自枯竭
我若向地獄　地獄自消滅
我若向餓鬼　餓鬼自飽滿
我若向修羅　惡心自調伏
我若向畜生　自得大智慧
南無觀世音菩薩（十聲）
南無阿彌陀佛（十聲）
觀世音菩薩白佛言。世尊。若諸眾生。誦持大悲神咒。墮三惡道者。我誓不成正覺。誦持大悲神咒。若不生諸佛國者。我誓不成正覺。誦持大悲神咒。若不得無量三昧辯才者。我誓不成正覺。誦持大悲神咒。於現在生中。一切所求。若不果遂者。不得為大悲心陀羅尼也。乃至說是語已。於眾會前。合掌正住。於諸眾生。起大悲心。開顏含笑。即說如是廣大圓滿無礙大悲心大陀羅尼。神妙章句。陀羅尼曰

南無喝囉怛那哆囉夜耶。南無阿唎耶。婆盧羯帝爍鉢囉耶。菩提薩埵婆耶。摩訶薩埵婆耶。摩訶迦盧尼迦耶。唵。薩皤囉罰曳。數怛那怛寫。南無悉吉唎埵伊蒙阿唎耶。婆盧吉帝室佛囉楞馱婆。南無那囉謹墀。醯唎摩訶皤哆沙咩。薩婆阿他豆輸朋。阿逝孕。薩婆薩哆那摩婆薩哆。那摩婆伽。摩罰特豆。怛姪他。唵。阿婆盧醯。盧迦帝。迦羅帝。夷醯唎。摩訶菩提薩埵。薩婆薩婆。摩囉摩囉。摩醯摩醯唎馱孕。俱盧俱盧羯蒙。度盧度盧罰闍耶帝。摩訶罰闍耶帝。陀囉陀囉。地唎尼。室佛囉耶。遮囉遮囉。麼麼罰摩囉。穆帝隸。伊醯伊醯。室那室那。阿囉嘇佛囉舍利。罰娑罰嘇佛囉舍耶。呼嚧呼嚧摩囉。呼嚧呼嚧醯利。娑囉娑囉。悉唎悉唎。蘇嚧蘇嚧。菩提夜菩

提夜。菩馱夜菩馱夜。彌帝利夜。那囉謹墀。地利瑟尼那。婆夜摩那。娑婆訶。悉陀夜。娑婆訶。摩訶悉陀夜。娑婆訶。悉陀喻藝。室皤囉耶。娑婆訶。那囉謹墀。娑婆訶。摩囉那囉。娑婆訶。悉囉僧阿穆佉耶。娑婆訶。娑婆摩訶阿悉陀夜。娑婆訶。者吉囉阿悉陀夜。娑婆訶。波陀摩羯悉陀夜。娑婆訶。那囉謹墀皤伽囉耶。娑婆訶。摩婆利勝羯囉夜。娑婆訶。南無喝囉怛那哆囉夜耶。南無阿利耶。婆嚧吉帝。爍皤囉耶。娑婆訶。唵。悉殿都。漫多囉。跋陀耶。娑婆訶。

觀世音菩薩說此咒已。大地六變震動。天雨寶華。繽紛而下。十方諸佛。悉皆歡喜。天魔外道。恐怖毛竪。一切眾會。皆獲果證。或得須陀洹果。或得斯陀含果。或得阿那含果。或得阿羅漢果。或得一地二地三四五地。乃至十地者。無量眾生發菩提心。

我及眾生……（中略），惟願加護，令障消滅。

普為四恩三有。法界眾生。悉願斷除三障。歸命懺悔。

我與眾生……（中略），惟願觀音，慈悲攝受。

至心懺悔。弟子某甲等。今與法界一切眾生。現前一心。本具千法。皆有神力。及以智明。上等佛心。下同含識。無始闇動。障此靜明。觸事昏迷。舉心縛著。平等法中。起自他想。愛見為本。身口為緣。於諸有中。無罪不造。十惡五逆。謗法謗人。破戒破齋。毀塔壞寺。偷僧祇物。污淨梵行。侵損常住。飲食財物。千佛出世。不通懺悔。如是等罪。無量無邊。捨茲形命。合墮三塗。備嬰萬苦。復於現世。眾惱交煎。或惡疾縈纏。他緣逼迫。障於道法。不得熏修。今遇

大悲圓滿神咒。速能滅除。如是罪障。故於今日。至心誦持。歸向

觀世音菩薩及十方大師。發菩提心。修真言行。與諸眾生。發露重罪。求乞懺悔。畢竟消除。惟願大悲觀世音菩薩摩訶薩。千手護持。千眼照見。令我等內外障緣寂滅。自他行願圓成。開本見知制諸魔外。三業精進。修淨土因。至捨此身。更無他趣。決定得生。

阿彌陀佛。極樂世界。親承供養。大悲觀音。具諸總持。廣度群品。皆出苦輪。同到智地。

懺悔發願已

歸命禮三寶

南無十方佛　南無十方法　南無十方僧

南無本師釋迦牟尼佛

南無阿彌陀佛

南無千光王靜住佛

南無廣大圓滿無礙大悲心大陀羅尼

南無千手千眼觀世音菩薩

南無大勢至菩薩

南無總持王菩薩

南無大乘常住三寶（三稱）

宣疏

**三皈依**

自皈依佛　當願眾生　體解大道　發無上心
自皈依法　當願眾生　深入經藏　智慧如海
自皈依僧　當願眾生　統理大眾　一切無礙
和南聖眾
南無大悲觀世音菩薩（三稱）
大悲懺法卷終

聖嚴書院 2

# 聖嚴法師教觀音法門

*Master Sheng Yen on Bodhisattva Avalokitesvara's Methods*

口述 聖嚴法師
整理 梁寒衣
出版 法鼓文化
總審訂 釋果毅
總監 釋果賢
總編輯 陳重光
編輯 詹忠謀、李書儀
封面設計 舞陽美術文化事業有限公司・吳家俊
內頁美編 小工
地址 臺北市北投區公館路一八六號五樓
電話 (02)2893-4646
傳真 (02)2896-0731
網址 http://www.ddc.com.tw
E-mail market@ddc.com.tw
讀者服務專線 (02)2896-1600
初版 二〇〇三年五月
三版二刷 二〇二三年四月
建議售價 新臺幣一八〇元
郵撥帳號 50013371
戶名 財團法人法鼓山文教基金會 — 法鼓文化
北美經銷處 紐約東初禪寺
Chan Meditation Center (New York, USA)
Tel: (718) 592-6593 E-mail: chancenter@gmail.com



法鼓文化

國家圖書館出版品預行編目資料

聖嚴法師教觀音法門 / 聖嚴法師口述；梁寒衣整理. -- 三版. -- 臺北市：法鼓文化, 2022.01
面；　公分
ISBN 978-957-598-935-4（平裝）

1. 觀世音菩薩 2. 佛教修持

225.82　　110018899